Kauderwelsch
Band 88

Impressum

Enno Witfeld
Spanisch für Mexiko – Wort für Wort
erschienen im
REISE KNOW-HOW Verlag Peter Rump GmbH
Osnabrücker Str. 79, D-33649 Bielefeld
info@reise-know-how.de

7. Auflage 2006

Bearbeitung & Layout Claudia Schmidt
Layout-Konzept Günter Pawlak, FaktorZwo! Bielefeld
Umschlag Peter Rump
Kartographie Iain Macneish
Fotos Hans-Jürgen Fründt (S. 1), Laura Oppenhäuser (S. 8, 138), Dorothee Habel (S.66),

Druck und Bindung Fuldaer Verlagsanstalt GmbH & Co. KG, Fulda

ISBN-10: 3-89416-279-1
ISBN-13: 978-3-89416-279-1

Printed in Germany

Dieses Buch ist erhältlich in jeder Buchhandlung der BRD, Österreichs, der Schweiz und der Benelux-Staaten. Bitte informieren Sie Ihren Buchhändler über folgende Bezugsadressen:

BRD Prolit GmbH, Postfach 9, 35461 Fernwald (Annerod) sowie alle Barsortimente
Schweiz AVA-buch 2000, Postfach 27, CH-8910 Affoltern
Österreich Mohr Morawa Buchvertrieb GmbH Sulzengasse 2, A-1230 Wien
Belgiem & Niederlande Willems Adventure, Postbus 403, NL-3140 AK Maassluis
direkt Wer im Buchhandel kein Glück hat, bekommt unsere Bücher zuzüglich Porto- und Verpackungskosten auch direkt über unseren Internet-Shop: **www.reise-know-how.de**

Zu diesem Buch ist ein **AusspracheTrainer** erhältlich, ebenfalls in jeder Buchhandlung der BRD, Österreichs, der Schweiz und der Benelux-Staaten.

Der Verlag möchte die **Reihe Kauderwelsch** weiter ausbauen und **sucht Autoren**! Mehr Informationen finden Sie auf unserer Internetseite **www.reise-know-how.de/buecher/special/schreiblust-inhalt.html**

Kauderwelsch

Enno Witfeld

Spanisch für Mexiko

Wort für Wort

Reise Know-How
im Internet
www.reise-know-how.de
info@reise-know-how.de

*Aktuelle Reisetipps
und Neuigkeiten,
Ergänzungen nach
Redaktionsschluss,
Büchershop und
Sonderangebote
rund ums Reisen*

Kauderwelsch-Sprechführer sind anders!

Warum? Weil sie Sie in die Lage versetzen, wirklich zu sprechen und die Leute zu verstehen.

Wie wird das gemacht? Abgesehen von dem, was jedes Sprachbuch bietet, nämlich Vokabeln, Beispielsätze etc., zeichnen sich die Bände der Kauderwelsch-Reihe durch folgende Besonderheiten aus:

Die **Grammatik** wird in einfacher Sprache so weit erklärt, dass es möglich wird, ohne viel Paukerei mit dem Sprechen zu beginnen, wenn auch nicht gerade druckreif.

Alle Beispielsätze werden doppelt ins Deutsche übertragen: zum einen **Wort-für-Wort**, zum anderen in „ordentliches" Hochdeutsch. So wird das fremde Sprachsystem sehr gut durchschaubar. Denn in einer fremden Sprache unterscheiden sich z. B. Satzbau und Ausdrucksweise recht stark vom Deutschen. Ohne diese Übersetzungsart ist es so gut wie unmöglich, schnell einzelne Wörter in einem Satz auszutauschen.

Die **Autorinnen** und **Autoren** der Reihe sind Globetrotter, die die Sprache im Land selbst gelernt haben. Sie wissen daher genau, wie und was die Leute auf der Straße sprechen. Deren Ausdrucksweise ist nämlich häufig viel einfacher und direkter als z. B. die Sprache der Literatur oder des Fernsehens.

Besonders wichtig sind im Reiseland **Körpersprache, Gesten, Zeichen** und **Verhaltensregeln**, ohne die auch Sprachkundige kaum mit Menschen in guten Kontakt kommen. In allen Bänden der Kauderwelsch-Reihe wird darum besonders auf diese Art der nonverbalen Kommunikation eingegangen.

Kauderwelsch-Sprechführer sind keine Lehrbücher, aber viel mehr als Sprachführer! Wenn Sie ein wenig Zeit investieren und einige Vokabeln lernen, werden Sie mit ihrer Hilfe in kürzester Zeit schon Informationen bekommen und Erfahrungen machen, die „taubstummen" Reisenden verborgen bleiben.

Inhalt

Konversation

Anhang

Vorwort

Mexiko ist ein landschaftlich und kulturell außerordentlich vielseitiges und faszinierendes Land, das Jahr für Jahr mehr Reisende anzieht. Glücklicherweise beschränkt sich der Massentourismus auf wenige Ferienfabriken, wie Cancún an der Karibik- und Acapulco an der Pazifikküste, so dass man mit einer selbst organisierten Reise immer noch die Möglichkeit hat, einen tieferen Einblick in die mexikanische Mentalität, Lebensweise und Kultur zu gewinnen.

In diesem Buch geht es um das in vielen Punkten recht spezielle Spanisch des größten spanischsprachigen Landes der Welt. Sprachkenntnisse sind – in Verbindung mit einer respektvollen Neugier auf die fremde Kultur – sicherlich der wichtigste Schlüssel zum Alltag Mexikos. Ein Zimmer reservieren oder ein Busticket buchen kann man zwar in größeren Städten auch auf Englisch, mit Spanischkenntnissen signalisiert man jedoch, dass man sich auch für die Menschen interessiert und nicht nur zu „konsumieren" gedenkt. Dieser Kauderwelsch-Band richtet sich sowohl an Spanischanfänger als auch an jene, die bereits Spanisch sprechen und sich speziell für die mexikanischen Besonderheiten – besonders die Umgangssprache – interessieren.

Viel Spaß und ¡buen viaje! (gute Reise!)

Hinweise zur Benutzung

Der Kauderwelsch-Band „Spanisch für Mexiko" ist in die Abschnitte „Grammatik", „Konversation" und „Wörterliste" gegliedert:

Die **Grammatik** beschränkt sich auf das Wesentliche und ist so einfach gehalten wie möglich. Deshalb sind auch nicht sämtliche Ausnahmen und Unregelmäßigkeiten der Sprache erklärt. Wer nach der Lektüre gerne noch tiefer in die Grammatik der spanischen Sprache (allgemein) eindringen möchte, findet im Anhang eine Bücherliste mit weiterführenden Lehrbüchern.

Mit Hilfe der Wort-für-Wort-Übersetzung können Sie bald eigene Sätze bilden. Sie können die Beispielsätze als Fundus von Satzschablonen und -mustern benutzen, die Sie selbst Ihren Bedürfnissen anpassen. Mit etwas Kreativität und Mut können Sie sich neue Sätze „zusammenbauen", auch wenn das Ergebnis nicht immer grammatikalisch perfekt ausfällt.

Im **Konversationsteil** finden Sie Sätze aus dem Alltagsgespräch, die Ihnen einen ersten Eindruck davon vermitteln sollen, wie die spanische Sprache „funktioniert" und die Sie auf das vorbereiten sollen, was Sie später in Mexiko hören werden.

Jede Sprache hat ein typisches Satzbaumuster. Um die sich vom Deutschen unterscheidende Wortfolge spanischer Sätze besser durchschauen zu können, ist die **Wort-für-Wort-Übersetzung** in *kursiver* Schrift hinzugefügt. Jedem spanischen Wort entspricht ein Wort in der Wort-für-Wort-Übersetzung. Wird *ein* spanisches Wort im Deutschen durch *zwei* Wörter wiedergegeben, werden diese zwei Wörter in der Wort-für-Wort-Übersetzung mit einem Bindestrich verbunden. Zum Beispiel:

¿Hay un hotel aquí?
es-gibt ein Hotel hier
Gibt es hier ein Hotel?

Soy alemán/suizo/austríaco.
(ich-)bin Deutscher/Schweizer/Österreicher
Ich bin Deutscher/Schweizer/Österreicher.

Werden in einem Satz mehrere Wörter genannt, die man untereinander austauschen kann, steht ein Schrägstrich zwischen diesen.

In Sätzen mit dem Verb „sein" macht es einen Unterschied, ob eine Frau oder ein Mann den betreffenden Satz spricht, ob eine Frau oder ein Mann angesprochen wird oder ob man über eine Frau oder einen Mann spricht. In diesen Fällen werden beide Formen wie folgt angegeben:

Estoy cansado/cansada.
(ich-)bin müde(m/w)
Ich bin müde.

Hier spricht ein Mann die Variante vor dem Schrägstrich, eine Frau jedoch die Form nach dem Schrägstrich (s. Kap. „Sein & Haben".)

Die **Wörterlisten** enthalten einen Grundwortschatz von je ca. 1000 Wörtern Deutsch – Spanisch und Spanisch – Deutsch, mit denen man einen Großteil der Gesprächssituationen meistern kann.

Die **Umschlagklappe** hilft, die wichtigsten Sätze und Formulierungen stets parat zu haben. Aufgeklappt ist der Umschlag eine wesentliche Erleichterung, da nun die gewünschte Satzkonstruktion mit dem entsprechenden Vokabular aus den einzelnen Kapiteln kombiniert werden kann.

Seitenzahlen

Um Ihnen den Umgang mit den Zahlen zu erleichtern, wird auf jeder Seite die Seitenzahl auch auf Spanisch angegeben!

Sprachen Mexikos

Die offizielle Landessprache Mexikos ist Spanisch, **español** genannt. Daneben gibt es über 30 indigene Sprachen mit rund 120 Dialekten, von denen – gemessen an der Anzahl der Sprecher – **náhuatl** und **maya,** gefolgt von **mixteco, zapoteco** und **otomí,** die wichtigsten sind. Rund 8 % aller Mexikaner sind zweisprachig, beherrschen also Spanisch und eine Indiosprache, etwa 3 % sprechen überhaupt kein Spanisch.

Das **Náhuatl,** die Sprache der Azteken, nimmt hierbei eine Sonderstellung ein. Es wurde im 16. Jahrhundert von den spanischen Missionaren weit über das damalige Aztekenreich hinaus verbreitet und beeinflusste in der Folgezeit vor allem den Wortschatz des in Mexiko gesprochenen Spanisch sehr stark. Die anderen Sprachen hingegen hatten, wenn überhaupt, nur regionalen Einfluss. Übernommen wurden vor allem Eigennamen für Berge, Flüsse etc. sowie Bezeichnungen aus dem Bereich der Planzen- und Tierwelt. Charakteristisch für das Náhuatl sind die Laute

„x" und „tl". Die beiden Vulkane in der Umgebung von Mexiko-Stadt z. B. heißen **Popocatépetl** („rauchender Berg") und **Ixtaccíhuatl** („weiße Frau"). Bei Wörtern der Alltagssprache schliff sich die für Europäer ungewohnte Lautverbindung „tl" oft zu „te" ab, und einige Vokabeln gelangten über das Spanische auch in andere europäische Sprachen. Aztekischen Ursprungs sind z. B. **chocolate** („xocolatl"), **tomate** („tomatl"), **ozelote** („ocelotl") und **coyote** („coyotl").

Aufgrund der geographischen und wirtschaftlichen Nähe zu den USA nahm das mexikanische Spanisch in den letzten Jahrzehnten auch viele Wörter englischer Herkunft auf, die jedoch meistens (anders als etwa im Deutschen) in der Schreibweise den spanischen Gepflogenheiten angepasst wurden und dadurch teilweise kaum noch zu erkennen sind. Zum Beispiel: **cóctel** („cocktail"), **béisbol** („baseball"), **mitin** („meeting"), **elevador** („elevator", Fahrstuhl) usw. Mehr zum mexikanischen Spanisch findet man im nächsten Kapitel „Mexikanismen".

Mexikanismen

Die in diesem Kapitel vorgestellten Ausdrücke umfassen zwei Bereiche:

So heißt z. B. „Bus“ im Spanischen autobús, *im mexikanischen Spanisch jedoch* camión.

- Vieles wird in Mexiko anders bezeichnet als in Spanien. Meist werden die spanischen Bezeichnungen aber ebenfalls verstanden.
- Spezifisch mexikanische Ausdrücke für Gegenstände, Personen oder Zustände, die nur Mexiko betreffen, z. B. charro (mexikanischer Cowboy).

vom Spanisch Spaniens abweichendes Vokabular

	Mexikanisch	Spanisch
Aasgeier	**zopilote** (m)	buitre (m)
Aprikose	**chabacano**	albaricoque (m)
blond; Blonder	**güero**	rubio
Briefmarke	**timbre** (m)	sello
Bus	**camión**	autobús (m)
Dusche	**regadera**	ducha
Eintrittskarte	**boleto**	entrada
Erbse	**chícharo**	guisante (m)
Eule	**tecolote** (m)	lechuza
Fahrkarte	**boleto**	billete (m)
Fahrstuhl	**elevador**	ascensor
grüne Bohne	**ejote** (m)	judía verde
Gummi	**hule** (m)	goma
Käfig	**guacal**	jaula
Locken	**chinos** (Mz)	rizos (Mz)
Maiskolben	**elote** (m)	mazorca de maíz
mieten	**rentar**	alquilar
Schlafwagen	**carro dormitorio**	coche cama (m)

recámara	dormitorio	*Schlafzimmer*
bolero	limpiabotas (m)	*Schuhputzer*
carro comedor	vagón restaurante	*Speisewagen*
colonia	barrio	*Stadtviertel*
popote (m)	paja	*Strohhalm*
ruletero	taxista (m+w)	*Taxifahrer*
jítomate (m)	tomate (m)	*Tomate*
guajolote (m)	pavo	*Truthahn*

spezifisch mexikanische Begriffe

adobe (m) Lehmziegel
¡Águas! Achtung!
albur Wortspiel (fast immer mit sexuellen Anspielungen)
cacique (m) lokaler Machthaber (eigentlich „Häuptling")
caló Umgangssprache (v. a. von Mexiko-Stadt)
cenote (m) Quellbecken auf Yucatán
charro mexikanischer Cowboy
ciudad perdida, colonia popular Slum
comal Tonscheibe zum Tortilla-Backen
corrido mexikanische Form der Ballade
Favor de ... Bitte ..., Mit der Bitte um ... (als schriftliche Notiz)
gachupín (m) Spanier (abwertend)
guate (m) Futtermais
jícara Gefäß aus der hölzernen Schale einer Frucht
Malinche indianische Geliebte von Cortés, Symbol des Verrats
mariachi (m) Musiker (eigentlich „Musiker in einer Hochzeitskapelle", abgeleitet von frz. „mariage" = Hochzeit)
marimba großes Xylophon
metate (m) Mahlstein

Mexikanische Männer lieben albures *(Wortspiele meist sexuellen Inhalts) und benutzen eigentlich harmlose Begriffe, wie* meter *(hineinstecken) oder* sacar *(herausziehen), für mehr oder weniger kunstvolle zweideutige Anspielungen, die nicht böse gemeint sind, auch wenn man (etwa aufgrund irgendeiner unglücklichen Ausdrucksweise) selber gerade das Objekt der Heiterkeit ist.*

Mexikanismen

Eine andere Art von Wortspielen entsteht, wenn bestimmte Wörter als Synonyme für ähnlich klingende, aber bedeutungsmäßig völlig verschiedene Begriffe verwendet werden, „zum Bleistift“ algodones *(Baumwolle) anstelle von* algo *(etwas),* ojo *(Auge) anstatt* ojete *(Arschloch),* ya sábanas *(schon Bettlaken) anstatt* ya sabes *(du weißt schon) etc.*

milpero	Maisbauer
molcajete	Mörser
muralismo	mexikanische Wandmalereikunst
olote (m)	Strunk des Maiskolbens, als Brennmaterial oder auch als Klopapier benutzt
otate (m)	Bambusrohr
paracaidista (m+w)	Siedler, der sich quasi über Nacht eine Hütte errichtet und damit eine Art Bleiberecht hat (wörtl.: „Fallschirmspringer“)
PEMEX	Petróleos Mexicanos (staatliche Ölgesellschaft)
pesero	Sammeltaxi
petate (m)	geflochtene Palmwedel bzw. daraus gefertigte Schlafstätte
PRI	Abkürzung für Partido Revolucionario Institucional (Regierungspartei); priísta (m+w): Mitglied der PRI
tecomate (m)	ausgehöhlte flaschenähnliche Frucht, als Gefäß verwendet
tezontle (m)	rotes Gestein vulkanischen Ursprungs, zum Bauen
tianguis (m)	Straßenmarkt
tope (m)	Fahrbahnschwelle zur Geschwindigkeitsreduzierung
zócalo	Hauptplatz

Wo man herkommt

defeño, chilango	(jemand) aus Mexiko-Stadt
tapatío	(jemand) aus Guadalajara
jarocho	(jemand) aus Veracruz
poblano	(jemand) aus Puebla
regiomontano	(jemand) aus Monterrey
norteño	(jem.) aus dem Norden Mexikos

Aussprache & Betonung

Hier die wichtigsten Aussprachebesonderheiten des mexikanischen Spanisch:

Selbstlaute (Vokale)

ie	„i" und „e" werden getrennt gesprochen, nicht wie langes „i", sondern wie in „R**ie**ka" **quiero** (ich will)
ei	„e" und „i" werden getrennt gesprochen, nicht wie in „L**ei**ter", sondern wie in „b**ei**nhalten" (jed. ohne Stimmverschluss zwischen **e** und **i**!) **aceite** (Öl)
eu	„e" und „u" werden getrennt gesprochen, nicht wie in „H**eu**", sondern wie in „b**eu**n ruhigt" (jedoch ohne Stimmverschluss zwischen **e** und **u**!) **Europa** (Europa)

Die Selbstlaute (a, e, i, o, u) *werden wie im Deutschen ausgesprochen. Zwischen langen und kurzen Selbstlauten wird nicht unterschieden. Aufeinanderfolgende Selbstlaute werden getrennt gesprochen.*

Mitlaute (Konsonanten)

Die größte Hürde für Deutschsprachige ist sicherlich das „gerollte" Zungenspitzen-r, das es zudem auch noch in zwei Versionen gibt. Aber auch mit deutschem r wird man verstanden und zumindest nicht als gringo (US-Amerikaner, in Mexiko nicht besonders beliebt) eingestuft. Dagegen bedeutet der in ganz Lateinamerika übliche seseo sicherlich eine Erleichterung für den Lernenden: c (vor e und i) sowie z werden wie das deutsche „ß" ausgesprochen und nicht wie das englische „th", wie es in Spanien üblich ist. Folgende Mitlaute werden abweichend vom Deutschen ausgesprochen:

Aussprache & Betonung

Besondere Schwierigkeiten bereitet die Aussprache des Castellano nicht. Den einzelnen Buchstaben oder Buchstabenverbindungen entsprechen in den meisten Fällen die gleichen Laute wie im Deutschen. Als zusätzlichen Buchstaben im spanischen Alphabet hat man lediglich das ñ *zu lernen.*

b, v	Laut zwischen deutschem „b" und „w", am Wortanfang fast wie „b" **boca** (Mund), **vaca** (Kuh)
c	vor **e** und **i** wie „ß" in „Mu**ß**"; vor **a, o, u** und vor Mitlauten wie „k" **cerveza** (Bier), **casa** (Haus)
cc	wie „kß" **accidente** (Unfall)
ch	wie „tsch" in „Ma**tsch**" **mucho** (viel)
g	vor **e, i** wie „ch" in „Ba**ch**"; vor **a, o, u** und vor Mitlauten wie deutsches „g" **gente** (Leute), **gato** (Katze)
gue, gui	wie „ge" bzw. „gi", das **u** wird nicht gesprochen und zeigt nur an, dass das **g** nicht wie „ch" klingt; **guitarra** (Gitarre)
güe, güi	wie „gue" bzw. „gui": soll das **u** vor **e** und **i** hörbar sein, steht statt **u** ein **ü** (selten); **güero** (blond)
gua	wie „gua" (vor **a** ist das **u** immer hörbar!) **agua** (Wasser)
h	wird nicht gesprochen **hora** Stunde)
j	wie „ch" in „Ba**ch**" **viejo** (alt)
ll	wie „j" in „**J**unge" **calle** (Straße)
ñ	wie „nj" in „A**nj**a" **baño** (Toilette)
qu	wie „k" (nie „kw"!), tritt nur vor **e** und **i** auf, das **u** ist „stumm" **queso** (Käse)
r	Zungenspitzen-r mit einmaligem „Schlag", nur am Wortanfang gerollt **pero** (aber), **río** (Fluss)

rr	**rr** wird stark „gerollt" **perro** (Hund)
s	wie „ß" wie in „Ma**ß**" **sol** (Sonne)
x	wird normalerweise wie das deutsche „x" (also „kß") ausgesprochen, klingt aber in vielen geographischen Namen indianischer Herkunft mal wie „ß", mal wie stimmloses „sch" oder meistens wie „ch" wie in „Ba**ch**". **taxi** *„takßi"* (Taxi), **Taxco** *„taßko"* **Xochimilco** *„ßochimilko"*, **Uxmal** *„uschmal"*, **Cacaxtla** *„kakaschtla"*, **México** *„mechiko"*, **Oaxaca** *„oachaka"*, **Xalpa** *„chalpa"*
y	vor Selbstlauten wie „j" in „**J**unge"; alleinstehend oder am Wortende wie „i" **ayer** (gestern), **hoy** (heute), **y** (und)
z	wie „ß" in „Ma**ß**" **azúl** (blau)

Rechtschreibung:

Lediglich der Satzanfang und die Eigennamen im Satzinneren werden groß, alle anderen Wortanfänge werden kleingeschrieben.

Betonung

Wörter, die auf einem Selbstlaut, auf -n oder -s enden, werden in der Regel auf der vorletzten Silbe betont, alle übrigen auf der letzten Silbe. Hierbei ist zu beachten, dass Selbstlaut-Verbindungen, die mit i- oder u- beginnen, als einsilbig gelten; patio (Hof) wird demnach auf dem a betont. Alle anderen Selbstlaut-Verbindungen jedoch gelten als zweisilbig; paseo (Spaziergang) wird also auf dem e betont.

Abweichungen von diesen Regeln werden durch einen Akzent auf der zu betonenden Silbe angezeigt, z. B.: avión (Flugzeug).

Kauderwelsch-AusspracheTrainer

*Falls Sie sich die wichtigsten Sätze, die in diesem Buch vorkommen, einmal von einem Mexikaner gesprochen anhören möchten, kann Ihnen Ihre Buchhandlung den **AusspracheTrainer** zu diesem Buch besorgen. Sie bekommen ihn auch über unseren Internetshop **www.reise-know-how.de** Alle Sätze, die Sie auf dem **Kauderwelsch-AusspracheTrainer** hören können, sind in diesem Buch mit einem gekennzeichnet.*

Manchmal entscheidet die Betonung über die Bedeutung eines Wortes! Akzente dienen bei einigen einsilbigen Wörtern mit unterschiedlicher Bedeutungen als Unterscheidungsmerkmal.

esta	diese	**está**	er/sie ist
papa	Papst; Kartoffel	**papá**	Papa
compro	ich kaufe	**compró**	er/sie kaufte
el	der	**él**	er
tu	dein	**tú**	du
mi	mein	**mí**	mich
de	von	**dé!**	geben Sie!
si	wenn	**sí**	ja

mexikanische Aussprache-Besonderheiten

In einem so ausgedehnten Land wie Mexiko gibt es natürlich unterschiedliche Dialekte. Hinzu kommt, dass viele Mexikaner es mit der Aussprache nicht allzu genau nehmen.

Muchacho (Junge) kann z. B. wie *„muschascho"* oder tortilla (Maisfladen) wie *„tortía"* klingen (vor allem im Norden). An der Küste hört man oft *„cansao"* statt cansado (müde) oder das End-s wird verschluckt: *„¡Dó kilo de arró, por favor!"* statt ¡Dos kilos de arroz, por favor! (Zwei Kilo Reis, bitte!). Im zentralen Hochland dagegen sind die Mitlaute (Konsonanten) deutlich zu hören, und die Selbstlaute (Vokale) werden verkürzt, was die Sprache sehr zusammengezogen erscheinen lässt: *„croksí"* statt creo que sí (ich glaube, ja).

Satzzeichen

Ungewöhnlich für uns ist, dass Frage- und Ausrufesätze nicht nur mit den entsprechenden Satzzeichen (? und !) abgeschlossen, sondern auch – und dann auf dem Kopf stehend – eingeleitet werden (¿ und ¡). Sie werden dort gesetzt, wo jeweils die Frage oder der Ausruf beginnt, u. U. also auch mitten im Satz.

Wörter, die weiterhelfen

Für die folgenden Sätze brauchen Sie noch keine Grammatikkenntnisse.

Estoy buscando ... (Ich suche ...)

Estoy buscando un restaurante.
(ich-)bin suchend ein Restaurant
Ich suche ein Restaurant.

Estoy buscando la parada de camión.
(ich-)bin suchend die Haltestelle von Bus
Ich suche die Bushaltestelle.

In diesen Fragesatz (und auch in die folgenden Fragen) kann man alle sinnvollen Wörter aus der Wörterliste unverändert einsetzen.

un médico	ein Arzt
el hospital	das Krankenhaus
la embajada	die Botschaft
la policía	die Polizei
el camión	der Bus
una tienda	ein Geschäft
el aeropuerto	der Flughafen
un taxi	ein Taxi
el consulado	das Konsulat
un teléfono	ein Telefon

¿Hay ...? (Gibt es ...?)

¿Hay café?
es-gibt Kaffee
Gibt es Kaffee?

¿Hay un hotel aquí?
es-gibt ein Hotel hier
Gibt es hier ein Hotel?

Sí, hay.
Ja, es gibt.

No, no hay.
Nein, gibt es nicht.

Wörter, die weiterhelfen

¿Dónde hay ...? (Wo gibt es ...?)

Fragt man nach etwas Bestimmtem, verwendet man nicht hay *(es gibt), sondern* está *(ist).*

¿Dónde hay una farmacia?
wo es-gibt eine Apotheke
Wo gibt es eine Apotheke?

¿Dónde hay un banco?
wo es-gibt eine Bank
Wo gibt es eine Bank?

¿Dónde está ...? (Wo ist ...?)

Man sollte sich von vornherein darauf einstellen, mehrmals verschiedene Personen fragen nach dem Weg zu müssen. Die Antworten sind zwar meistens gut gemeint, nicht selten aber sehr unpräzise. Typisch etwa ist die Auskunft más allá, *was etwa mit „immer weiter" zu übersetzen ist.*

¿Dónde está el Hotel Royal?
wo ist das Hotel Royal
Wo ist das Hotel Royal?

¿Dónde está la central camionera?
wo ist der zentrale Busbahnhof
Wo ist der Busbahnhof?

¿Dónde está el correo?
wo ist die Post
Wo ist die Post?

a la derecha	(nach) rechts
a la izquierda	(nach) links
acá, aquí	hier
por acá	hierhin
allá, allí – por allá	dort – dorthin
cerca – lejos	nah – weit
derecho, recto	geradeaus
hacia atrás	zurück
cruce (m)	Kreuzung
semáforo	Ampel

¿Tiene Usted ...? (Haben Sie ...?)

¿Tiene Usted una habitación libre?
(er-/sie-)besitzt Sie ein Zimmer frei
Haben Sie ein freies Zimmer?

¿Tiene Usted un mapa de Oaxaca?
(er-/sie-)besitzt Sie ein Plan von Oaxaca
Haben Sie einen Stadtplan von Oaxaca?

Diese Wendung ist dann angemessen, wenn man gezielt nach etwas fragen will.

Sí, lo tenemos.
ja, es (wir-)besitzen
Ja, haben wir.

No, no lo tengo.
nein, nicht es (ich-)besitze
Nein, habe ich nicht.

Quiero .../Quisiera ... (Ich will/hätte gern ...)

Um einen Wunsch auszudrücken, kann man sich mit quiero *(ich will) behelfen, höflicher ist allerdings* quisiera *(ich würde wollen), das wie das deutsche „ich hätte gern" verwendet wird.*

Quiero una cerveza.
(ich-)will ein Bier
Ich möchte ein Bier.

Quisiera otra habitación.
(ich-)würde-wollen anderes Zimmer
Ich hätte gern ein anderes Zimmer.

¿Cuánto cuesta ...? (Wie viel kostet?)

¿Cuánto cuesta un boleto?
wieviel (sie-)kostet eine Fahrkarte
Wie viel kostet eine Fahrkarte?

¿Cuánto cuesta la entrada?
wieviel (er-)kostet der Eintritt
Wie viel kostet der Eintritt?

¿Cuánto cuesta esto?
wieviel (es-)kostet dieses
Wie viel kostet das da?

Hauptwörter

Anders als im Deutschen werden die Hauptwörter nicht gebeugt. Man muss sich also lediglich das grammatische Geschlecht merken und die Mehrzahlbildung beachten. Es gibt im Spanischen nur männliche (abgekürzt: „m") und weibliche („w") Hauptwörter.

Männliche *Hauptwörter enden meistens auf* -o, -r, -l *oder* -n, z.

trabajo	Arbeit	**postal**	Postkarte
comedor	Esszimmer	**avión**	Flugzeug

Weibliche *Hauptwörter enden in der Regel auf* -a, -d, -ción *oder* -z.

casa	Haus	**canción**	Lied
ciudad	Stadt	**paz**	Frieden

Bei **Personen** *wird die weibliche Form häufig durch* -a *gebildet.*

el señor	Herr	**la señora**	Frau
el español	der Spanier	**la española**	die Spanierin

In anderen Fällen wird die männliche Endung -o *durch ein* -a *ersetzt.*

el niño	der Junge	**la niña**	das Mädchen
el tío	der Onkel	**la tía**	die Tante

Für einige männliche und weibliche Entsprechungen gibt es **eigene Wörter.**

el hombre	der Mann	**la mujer**	die Frau
el padre	der Vater	**la madre**	die Mutter

Vor allem für **Berufsbezeichnungen** *gibt es nur eine Form für beide Geschlechter.*

el/la turista	der Tourist, die Touristin
el/la dentista	der Zahnarzt, die Zahnärztin
el/la periodista	der Journalist, die Journalistin

Die Namen von **Meeren, Flüssen und Bergen** *sind meist männlich.*

el Caribe	die Karibik
el Popocatéptl	der Popocatéptl

Ausnahmen *von diesen Regeln werden gekennzeichnet.*

el día (m)	Tag	**la mano** (w)	Hand
el mapa (m)	Landkarte	**la flor** (w)	Blume
el problema (m)	Problem	**la moto** (w)	Mofa
el pez (m)	Fisch	**la foto** (w)	Foto

Artikel

Es gibt im Spanischen den unbestimmten („ein, eine") und den bestimmten Artikel („der, die"). Im Gegensatz zum Deutschen hat der unbestimmte Artikel auch eine eigene Form für die Mehrzahl („Mz"), die man etwa mit „einige" übersetzen kann.

Weil im Spanischen das grammatische Geschlecht nicht immer dem Deutschen entspricht, sollte der Artikel gleich mitgelernt werden.

	bestimmt		unbestimmt	
	männlich	weiblich	männlich	weiblich
Ez	**el**	**la**	**un**	**una**
	der	die	ein	eine
Mz	**los**	**las**	**unos**	**unas**
	die	die	einige	einige

el/un árbol der/ein Baum

los/unos árboles die/einige Bäume

Bei weiblichen Hauptwörtern, die mit einem betonten a- oder ha- beginnen, wird der männliche Artikel el verwendet, um das Aufeinanderstoßen zweier a zu vermeiden. Dazu gehören z. B.:

Im sprachlichen Gebrauch bleiben diese Hauptwörter jedoch weiblich. Eigenschaftswörter, die sich auf diese Hauptwörter beziehen, werden also weiblich gebeugt!

el águila (w)	der Adler	**el agua** (w)	das Wasser
el alma (w)	die Seele		

Mehrzahl

Die Grundregel lautet: Hauptwörter, die in der Einzahl auf einem Selbstlaut enden, bilden die Mehrzahl mit einem angehängten -s; Hauptwörter, die auf einem Mitlaut enden, hängen für die Mehrzahl -es an.

casa	Haus	**casas**	Häuser
corazón	Herz	**corazones**	Herzen

Auch hier gibt es einige Ausnahmen: So bleiben Wörter, die in der Einzahl auf -s enden und auf der vorletzten Silbe betont werden, in der Mehrzahl unverändert. Dazu gehören einige Wochentage, z. B. lunes (Montag), martes (Dienstag) oder Begriffe aus dem Griechischen, wie z. B. la crisis (die Krise).

Bei Wörtern, die auf -z enden, verwandelt sich der Endbuchstabe in der Mehrzahl in ein -c:

la luz	das Licht	**las luces**	die Lichter

Verkleinerungs-/Vergrößerungsform

In Mexiko wird, wie auch in anderen lateinamerikanischen Ländern, gerne die Verkleinerungsform sowie die Vergrößerungsform verwendet. Mit ihnen werden nicht nur quantitative Abstufungen angezeigt, sie dienen vor allem dazu, sich betont herzlich auszudrücken.

Die am meisten benutzten Endungen sind -ito (m) bzw. -ita (w) für die Verkleinerung und -ote (m)/-ota (w) für die Vergrößerung.

un beso	ein Kuss
un besito	ein Küsschen
un besote	ein dicker Kuss
una casa	ein Haus
una casita	ein Häuschen
una casota	ein großes Haus

Die Verkleinerungs- und Vergrößerungsform kann nicht nur bei Hauptwörtern, sondern auch bei Eigenschafts- und Umstandswörtern angewendet werden. Aus chico (klein) wird z. B. chiquito oder gar chiquitito (winzig), grande (groß) kann sowohl zu grandote als auch zu grandecito werden, chaucito heißt „Tschüsschen“, tantito (soviel-chen) heißt „ein bisschen“, nadita (nichts-chen) „kein bisschen“, und das sehr mexikanische ahorita kann alles mögliche bedeuten, nur nicht ahora (jetzt).

Dieses & Jenes

Im Gegensatz zum Deutschen, das nur zwei hinweisende Fürwörter („dieses" und „jenes") aufweist, besitzt das Castellano drei. Ihr Gebrauch richtet sich nach Entfernung vom Sprecher. Este („dieses hier") weist auf eine Sache oder Person hin, die sich nahe beim Sprechenden befindet. Mit ese („dieses da") bezeichnet man ein Objekt, das etwas weiter entfernt ist oder sich beim Angesprochenen befindet. Häufig wird es auch in abschätziger Bedeutung gebraucht. Aquel („jenes") schließlich verweist auf etwas, das örtlich oder auch zeitlich entfernter liegt.

	m	w	s (unpers.)
Ez	este	esta	esto
Mz	estos	estas	–
Ez	ese	esa	eso
Mz	esos	esas	–
Ez	aquel	aquella	aquello
Mz	aquellos	aquellas	–

Die hinweisenden Fürwörter stehen vor dem Hauptwort, auf das sie sich beziehen, und richten sich in Zahl und Geschlecht nach diesem.

Eigenschaftswörter

Eigenschaftswörter stehen meistens hinter dem Hauptwort, auf das sie sich beziehen, und richten sich in Zahl und Geschlecht nach diesem. Die männliche Form des Eigenschaftswortes endet in der Regel auf -o, die weibliche Form auf -a:

el libro nuevo	*das Buch neu(m)*	das neue Buch
la casa nueva	*das Haus neu(w)*	das neue Haus

Eigenschaftswörter

Bei einigen Eigenschaftswörtern, vor allem bei jenen, die auf -e *oder* -l *enden, stimmen männliche und weibliche Form überein.*

un caso difícil *ein Fall schwierig*	ein schwieriger Fall
una cosa difícil *eine Sache schwierig*	eine schwierige Sache
un hombre elegante *ein Mann elegant*	ein eleganter Mann
una mujer elegante *eine Frau elegant*	eine elegante Frau

Die Mehrzahl wird bei den Eigenschaftswörtern in gleicher Weise wie bei den Hauptwörtern gebildet: Endet das Eigenschaftswort auf einem Selbstlaut, wird -s angehängt, endet es jedoch auf einem Mitlaut, wird -es angehängt.

nuevo	neu (m)	**nuevos**	neue (m,Mz)
nueva	neu (w)	**nuevas**	neue (w,Mz)
difícil	schwierig	**difíciles**	schwierige (Mz)
feliz	glücklich	**felices**	glückliche (Mz)

Die Eigenschaftswörter bueno (gut), malo (schlecht) und grande (groß) stehen jedoch meistens vor dem Hauptwort. Vor einem männlichen Hauptwort werden bueno und malo (wie auch die Ordnungszahlen primero und tercero) verkürzt, d. h. die Endung -o entfällt. Grande wird sowohl vor einem männlichen als auch vor einem weiblichen Hauptwort zu gran.

un buen amigo	ein guter Freund
el primer día	der erste Tag
un mal día	ein schlechter Tag
una gran cocinera	eine große Köchin

Mucho *(viel)*, poco *(wenig) und* otro *(ein anderer) stehen immer vor dem Hauptwort. Vor* otro *steht übrigens nie der unbestimmte Artikel.*

mucho tiempo	viel Zeit
poco dinero	wenig Geld
otra amiga	eine andere Freundin

wichtige Eigenschaftswörter

bueno	gut	**malo**	schlecht
grande	groß	**chico**	klein
largo	lang	**corto**	kurz
bajo	niedrig	**alto**	hoch
mucho	viel	**poco**	wenig
rápido	schnell	**lento**	langsam
claro	hell	**oscuro**	dunkel
frío	kalt	**caliente**	heiß
limpio	sauber	**sucio**	schmutzig
suave	weich	**duro**	hart
viejo	alt	**nuevo; joven**	neu; jung
feliz	glücklich	**triste**	traurig
bonito/lindo	hübsch	**feo**	hässlich
trabajador	fleißig	**flojo**	faul
pobre	arm	**rico**	reich
inteligente	klug	**tonto**	dumm
barato	billig	**caro**	teuer
fácil	einfach	**difícil**	schwierig
liviano	leicht	**pesado**	schwer
mojado	nass	**seco**	trocken
correcto	richtig	**falso**	falsch
lleno	voll	**vacío**	leer

Farben

blanco	weiß	**azul**	blau
amarillo	gelb	**verde**	grün
naranja	orange	**marrón**	braun
rojo/colorado	rot	**negro**	schwarz
lila	lila	**gris**	grau

Steigern & Vergleichen

Bei der Steigerung wird das Eigenschaftswort nicht wie im Deutschen gebeugt, man verwendet vielmehr das Wort más (mehr), das beim Komparativ (1. Steigerungsstufe) vor das Eigenschaftswort gestellt wird. Der Superlativ (2. Steigerungsstufe) wird gebildet, indem zusätzlich der bestimmte Artikel vorangestellt wird.

steigern

Das Eigenschaftswort und der Artikel richten sich immer in Zahl und Geschlecht nach dem dazugehörigen Hauptwort.

bonito	**más bonito**	**el más bonito**
schön	*mehr schön*	*der mehr schön*
schön	schönerer	der schönste

bonita	**más bonita**	**la más bonita**
schöne(w)	*mehr schöne(w)*	*die mehr schöne(w)*
schöne	schönere	die schönste

Einige häufig verwendete Eigenschaftswörter haben unregelmäßige Steigerungsformen.

mucho	viel	**más**	mehr
poco	wenig	**menos**	weniger
bueno	gut	**mejor**	besser
malo	schlecht	**peor**	schlechter
grande	groß	**mayor (más grande)**	größer
chico	klein	**menor (más chico)**	kleiner

Achtung: Bei Personen bedeutet mayor „älter“ und menor „jünger“, während die Körpergröße mit alto (hoch) und bajo (niedrig) ausgedrückt wird.

Sehr verbreitet ist auch die Verstärkung eines Eigenschaftswortes durch Anhängen der Endungen -ísimo (m) bzw. -ísima (w).

Carlos es altísimo.
Carlos (er-)ist groß-sehr
Carlos ist riesengroß.

Esta cesta es baratísima.
dieser Korb (er-)ist billig-sehr
Dieser Korb ist spottbillig.

Des Weiteren besteht die Möglichkeit, mit Hilfe des Umstandswortes muy (sehr) eine Steigerung auszudrücken. Es steht grundsätzlich vor dem Eigenschaftswort.

¡Muy bien hecho!
sehr gut gemacht
Sehr gut gemacht!

una mujer muy bonita
eine Frau sehr hübsche
eine sehr hübsche Frau

vergleichen

In einem Vergleichssatz wird ein Unterschied mit más/menos ... que (mehr/weniger ... als) – bzw. mit den unregelmäßigen Formen – und eine Gleichheit mit tan ... como (so ... wie) ausgedrückt.

Este carro es tan caro como ése.
dieses Auto (es-)ist so teuer wie das-da
Dieses Auto ist genauso teuer wie das da.

Alejandro es más alto que Lorenzo.
Alejandro (er-)ist mehr groß als Lorenzo
Alejandro ist größer als Lorenzo.

En México el tiempo es mejor que en Alemania.
in Mexiko das Wetter (es-)ist besser als in Deutschland
In Mexiko ist das Wetter besser als in Deutschland.

Umstandswörter

Mit Umstandswörtern (Adverbien; abgekürzt: „Umst.") kann man Tätigkeitswörter (Verben), Eigenschaftswörter sowie andere Umstandswörter näher bestimmen. Man unterscheidet selbständige Umstandswörter, z. B. die der Zeit („heute, immer, nie" usw.), Umstandswörter des Grades („sehr, mehr") und Umstandswörter, die von Eigenschaftswörtern abgeleitet werden. Es ist allerdings sehr verbreitet, wenn auch nicht ganz korrekt, anstelle der Umstandswörter die Eigenschaftswörter selbst zu benutzen.

Um Umstandswörter aus Eigenschaftswörtern zu bilden, hängt man an die weibliche Form des Eigenschaftswortes die Endung -mente:

lento/lenta	langsam (m/w)
lentamente	langsam (Umst.)
rápido/rápida	schnell (m/w)
rapidamente	schnell (Umst.)

Lentamente María sube la escalera.
langsam(Umst.) Maria (sie-)hochsteigt die Leiter
Maria steigt langsam die Leiter hoch.

un caso eminentemente difícil
ein Fall außerordentlich(Umst.) schwierig
ein außerordentlich schwieriger Fall

Einige Eigenschaftswörter bilden unregelmäßige Umstandswörter:

bueno (Eig.)	gut	**bien** (Umst.)	gut
malo (Eig.)	schlecht	**mal** (Umst.)	schlecht

Persönliche Fürwörter

Im Gegensatz zum Deutschen unterscheidet man eine männliche und eine weibliche Form für „wir" und „sie" (Mz), wobei für gemischte Gruppen jeweils die männliche Form benutzt wird. Des weiteren gibt es bei der höflichen Anrede verschiedene Formen, je nachdem, ob eine oder mehrere Personen angeredet werden.

Generell werden die persönlichen Fürwörter in der gesprochenen Sprache nur zur Betonung der Person hinzugesetzt, da die handelnde Person meistens eindeutig aus der Endung des Verbs hervorgeht.

yo	ich
tú	du
él; ella	er; sie
Usted	Sie (höfliche Anrede Ez)
nosotros/nosotras	wir (m/w)
ustedes	ihr
ellos/ellas	sie (m/w, Mz)
Ustedes	Sie (höfliche Anrede Mz)

Ein markanter Unterschied zu dem in Spanien gesprochenen Spanisch besteht in der Ersetzung des persönlichen Fürwortes für die 2. Person Mehrzahl (vosotros) durch ustedes, die Form für die höfliche Anrede. Entsprechend wird auch die Verbform der 3. Person Mehrzahl übernommen.

In der Schriftsprache werden die Höflichkeitsformen häufig abgekürzt: für Usted *verwendet man* Ud., *für* Ustedes *verwendet man* Uds.

Él sabe qué hacer, yo no.
er (er-)weiß was machen, ich nicht
Er weiß, was zu tun ist, ich (dagegen) nicht.

vos

Eine weitere lateinamerikanische Spezialität ist der sogenannte voseo, der in Argentinien, Uruguay und Guatemala durchgehend angewandt wird, in Mexi-

Im mittelalterlichen Spanisch stellte vos *die respektvolle Anredeform im Gegensatz zum vertraulicheren* tú *dar.*

ko jedoch nur regionale Bedeutung hat (Chiapas, Tabasco). Dabei wird anstelle von tú das in Spanien nicht mehr gebräuchliche vos benutzt. In der Gegenwart hat vos eine andere Verbform als tú. Die rückbezüglichen und besitzanzeigenden Fürwörter bleiben unverändert: vos te vas, vos vivís en tu casa etc.

Wem? oder Wen?

		„wem?"		„wen?"	
		unbet.	**betont**		
ich	mir	**me**	**a mí**	mich	**me**
du	dir	**te**	**a ti**	dich	**te**
er	ihm	**le**	**a él**	ihn	**lo**
sie (Ez)	ihr	**le**	**a ella**	sie	**la**
Sie (Anrede, Ez)	Ihnen	**le**	**a Usted**	Sie	**lo/la**
wir	uns	**nos**	**a nosotros/-as**	uns	**nos**
ihr	euch	**les**	**a ustedes**	euch	**los/las**
sie (m/w, Mz)	ihnen	**les**	**a ellos/-as**	sie	**los/las**
Sie (Anrede, Mz)	Ihnen	**les**	**a Ustedes**	Sie	**los/las**

Die gebeugten unbetonten persönlichen Fürwörter stehen immer vor dem Verb, mit dem sie verbunden sind.

Carlos me escribe.
Carlos mir (er-)schreibt.
Carlos schreibt mir.

Te quiero.
dich (ich-)liebe
Ich liebe dich.

Die betonte Form wird zusätzlich zur unbetonten verwendet, um das persönliche Fürwort hervorzuheben. Sie steht immer nach dem Verb.

Carlos me escribió a mí.
Carlos mir (er-)schrieb zu mir
Carlos hat mir geschrieben. (... und nicht dir!)

Besitzanzeigende Fürwörter

Die unbetonten besitzanzeigenden Fürwörter (Possessivpronomen) stehen immer vor dem Hauptwort, auf das sie sich beziehen. Männliche und weibliche Formen treten nur in der 1. Person Mehrzahl („unser") auf. Dann richtet sich das besitzanzeigende Fürwort in Geschlecht nach dem Hauptwort, das den Besitz bezeichnet.

mi libro	mein Buch
mis libros	meine Bücher
su amigo	ihr Freund
sus amigos	ihre Freunde
nuestro carro	unser Auto
nuestros carros	unsere Autos
nuestra casa	unser Haus
nuestras casas	unsere Häuser

Steht der Besitz in der Mehrzahl, wird wie bei den Hauptwörtern ein -s an das besitzanzeigende Fürwort gehängt.

	Besitz Ez	**Besitz Mz**	
mein	**mi**	meine	**mis**
dein	**tu**	deine	**tus**
sein		seine	
ihr	**su**	ihre	**sus**
Ihr		Ihre	
unser	**nuestro/-a**	unsere	**nuestros/-as**
euer		eure	
ihr	**su**	ihre	**sus**
Ihr		Ihre	

Neben diesen besitzanzeigenden Fürwörtern, die nur zusammen mit einem dazugehörigen Hauptwort stehen, gibt es die so genannten „betonten" besitzanzeigenden Fürwörter. Sie stehen z. B. als Satzergänzung (Objekt) in Sätzen mit dem Verb „sein" und richten sich nach dem Satzgegenstand (Subjekt) in Zahl und Geschlecht.

Die Endungen der betonten Fürwörter sind mit denen der Eigenschaftswörter identisch.

mein	**mío**	unser	**nuestro**
dein	**tuyo**	euer	**suyo**
sein; ihr	**suyo**	ihr (m/w)	**suyo**
Ihr (Ez)	**suyo**	Ihr (Mz)	**suyo**

¿De quién son estas cosas?
von wer (sie-)sind diese Sachen
Wem gehören diese Sachen?

Son suyas.
(sie-)sind seine/ihre/Ihre
Sie gehören ihm/ihr/ihnen/Ihnen.

Este carro es mío.
dieses Auto (es-)ist meines
Dieses Auto gehört mir.

Tätigkeitswörter

Die spanischen Tätigkeitswörter (Verben) sind aus einem Stamm und einer Endung zusammengesetzt.

Grundform (Infinitiv)

In der Grundform gibt es drei Endungen.

-ar	**hablar**	sprechen
-er	**comer**	essen
-ir	**vivir**	leben, wohnen

Gegenwart

Bei der Beugung ersetzt man die Endung der Grundform (-ar, -er, -ir) durch die Endung für die handelnde Person. Der Stamm bleibt unverändert.

	habl-ar (sprechen)	**com-er (essen)**	**viv-ir (leben)**
ich	**habl-o**	**com-o**	**viv-o**
du	**habl-as**	**com-es**	**viv-es**
er, sie, Sie	**habl-a**	**com-e**	**viv-e**
wir	**habl-amos**	**com-emos**	**viv-imos**
ihr	**habl-an**	**com-en**	**viv-en**
sie, Sie (Mz)	**habl-an**	**com-en**	**viv-en**

Je nach Endung werden die Verben unterschiedlich gebeugt, wobei die Unterschiede nicht allzu groß sind. Die Bindestriche in der Tabelle sollen nur die Beugungsendung hervorheben.

Liste wichtiger Verben

(Verben mit * sind unregelmäßig.)

- **comenzar*** anfangen
- **contestar** antworten
- **trabajar** arbeiten
- **bañarse** baden
- **tener*** besitzen, haben
- **visitar** besuchen
- **pagar, cancelar** bezahlen
- **pedir*** bitten
- **quedarse** bleiben
- **necesitar** brauchen
- **traer*** bringen
- **agradecer*** danken
- **tardar** dauern
- **invitar** einladen
- **entrar** eintreten
- **contar*** erzählen
- **manejar** fahren (Auto)
- **encontrar*** finden
- **volar** fliegen
- **tomar una foto** fotografieren

- **entregar** geben
- **andar, caminar** gehen
- **creer*** glauben
- **saludar** grüßen
- **sostener*** halten (etwas)
- **ayudar** helfen
- **oír*, escuchar** hören
- **informar, avisar** informieren
- **comprar** kaufen
- **conocer*** kennen
- **llegar** kommen
- **costar*** kosten (Preis)
- **besar** küssen
- **sonreír*** lächeln
- **correr** laufen, rennen
- **vivir** leben, wohnen
- **poner*** legen, stellen
- **aprender** lernen
- **leer** lesen
- **querer*, amar** lieben
- **hacer*** machen, tun
- **tomar** nehmen

- **abrir** öffnen
- **estacionar** parken (Auto)
- **fumar** rauchen
- **llamar, gritar** rufen, schreien
- **decir*** sagen
- **mandar, enviar** schicken
- **dormir*** schlafen
- **escribir** schreiben
- **ver*, mirar** sehen
- **hablar** sprechen
- **morir** sterben
- **buscar** suchen
- **llamar por teléfono** telefonieren
- **olvidar** vergessen
- **comprender, entender*** verstehen
- **tratar (de)** versuchen (zu)
- **esperar** warten

Der wohl wichtigste Unterschied zu dem in Spanien gesprochenen Spanisch wird sofort deutlich: Es fehlt eine eigene Verbform für die 2. Pers. Mz(„ihr"). Stattdessen verwendet man die für die Höflichkeitsform gültige Endung, die der 3. Pers. Mz („sie") entspricht.

¿Ustedes hablan castellano?
ihr/Sie (sie-)sprechen spanisch
Sprecht ihr Spanisch?/Sprechen Sie Spanisch?

Die persönlichen Fürwörter („ich, du ...") werden in der Regel weggelassen, es sei denn, sie sollen betont werden. In der Wort-für-Wort-Übersetzung ist das persönliche Fürwort in Klammern ergänzt.

Vivimos en Caracas.
(wir-)leben in Caracas
Wir leben in Caracas.

Yo pago hoy.
ich (ich-)zahle heute
Ich (!) bezahle heute!

vos

Im Süden Mexikos wird vos *anstelle von* tú *benutzt.*

Die zum vos gehörende Verbform entspricht fast der für tú, nur dass die letzte Silbe betont wird.

tú hablas	**tú comes**	**tú vives**
vos hablás	**vos comés**	**vos vivís**

unregelmäßige Verben

Es gibt eine Anzahl von regelmäßig gebeugten Verben, bei denen sich bis auf die 1. Person Mz („wir") lediglich der Stamm verändert, die Beugungsendungen sind regelmäßig. Diese Verben lassen sich in Gruppen zusammenfassen; hier die wichtigsten:

1. Gruppe
-e- *wird zu* -ie-, *z. B.* pensar *(denken) und* entender *(verstehen).*

	pensar	**entender**
ich	**pienso**	**entiendo**
du	**piensas**	**entiendes**
er, sie, Sie	**piensa**	**entiende**
wir	**pensamos**	**entendemos**
ihr	**piensan**	**entienden**
sie, Sie (Mz)	**piensan**	**entienden**

Zu dieser Gruppe gehören u. a. auch querer (wollen), cerrar (schließen), comenzar (beginnen), recomendar (empfehlen), defender (verteidigen), perder (verlieren).

	contar	mover
ich	**cuento**	**muevo**
du	**cuentas**	**mueves**
er, sie, Sie	**cuenta**	**mueve**
wir	**contamos**	**movemos**
ihr	**cuentan**	**mueven**
sie, Sie (Mz)	**cuentan**	**mueven**

2. Gruppe
-o- *wird zu* -ue-, *z. B.* contar *(erzählen, zählen) und* mover *(bewegen).*

Dazu gehören u. a. auch poder (können), costar (kosten), encontrar (finden, treffen), rogar (bitten), doler (schmerzen), llover (regnen), volver (zurückkommen).

3. Gruppe

Die letzte Gruppe bildet nur die 1. Person Mz („ich") unregelmäßig: -c- wird zu -zc-, z. B. conocer (kennen) wird zu conozco (ich kenne). Dazu gehören die meisten Verben, die auf -cer oder -ducir enden, z. B. ofrecer (anbieten), traducir (übersetzen).

4. Gruppe

Einige Verben werden völlig unregelmäßig gebeugt. Hier die Gegewartsform der wichtigsten:

dar	ir	oír	venir	hacer
doy	**voy**	**oigo**	**vengo**	**hago**
das	**vas**	**oyes**	**vienes**	**haces**
da	**va**	**oye**	**viene**	**hace**
damos	**vamos**	**oímos**	**venimos**	**hacemos**
dan	**van**	**oyen**	**vienen**	**hacen**
dan	**van**	**oyen**	**vienen**	**hacen**
decir	**ver**	**poner**	**salir**	**saber**
digo	**veo**	**pongo**	**salgo**	**sé**
dices	**ves**	**pones**	**sales**	**sabes**
dice	**ve**	**pone**	**sale**	**sabe**
decimos	**vemos**	**ponemos**	**salimos**	**sabemos**
dicen	**ven**	**ponen**	**salen**	**saben**
dicen	**ven**	**ponen**	**salen**	**saben**

dar (geben)
decir (sagen)
hacer (machen)
ir (gehen)
oír (hören)
poner (stellen)
saber (wissen)
salir (weggehen)
venir (kommen)
ver (sehen)

Sein & Haben

Dem deutschen Hilfsverb „sein" entsprechen im Castellano zwei Verben: ser und estar.

ser/estar (sein)

	ser (sein)	**estar** (sein)
ich	**soy**	**estoy**
du	**eres**	**estás**
er, sie, Sie	**es**	**está**
wir	**somos**	**estamos**
ihr	**son**	**están**
sie/Sie (Mz)	**son**	**están**

Für die Unterscheidung von ser *und* estar *prägt man sich am besten eine Faustregel ein.*

Mit dem Verb ser werden unabänderliche oder charakteristische Wesenszüge bezeichnet, z. B. Nationalität, Religion, Beruf, Herkunft, Charakter- bzw. wesensmäßige Eigenschaften, Farben.

Soy alemán./Soy alemana.
(ich-)bin Deutscher/(ich-)bin Deutsche
Ich bin Deutscher/Deutsche.

La mesa es pequeña.
der Tisch (er-)ist klein(w)
Der Tisch ist klein.

Estar dagegen drückt einen vorübergehenden oder veränderlichen Zustand aus, z. B. Ortsangaben, Befinden, Stimmung.

Él está en el baño.
er (er-)ist in das Bad
Er ist im Bad.

Estamos cansados.
(wir-)sind müde(m,Mz)
Wir sind müde.

Die Unterscheidung von ser *und* estar *wird anfangs etwas Mühe machen. Wie erheblich sich die Bedeutung unterscheiden kann, mag nebenstehendes Beispiel veranschaulichen.*

Esta carne es mala.
dieses Fleisch (es-)ist schlecht(w)
Das ist (qualitativ) schlechtes Fleisch.

Esta carne está mala.
dieses Fleisch (es-)ist schlecht(w)
Dieses Fleisch ist schlecht (= verdorben).

Dabei ist zu beachten, dass ein Eigenschaftswort als Satzergänzung (Objekt) sich in Zahl und Geschlecht nach dem Satzgegenstand (Subjekt) richtet.:

Yo estoy cansado. *ich (ich-)bin müde* Ich bin müde. (sagt ein Mann!)	**Yo estoy cansada.** *ich (ich-)bin müde(w)* Ich bin müde. (sagt eine Frau!)
Tú eres bonito. *du (du-)bist schön* Du bist schön. (zu einem Mann!)	**Tú eres bonita.** *du (du-)bist schöne(w)* Du bist schön. (zu einer Frau!)
Nosotros estamos solos. *wir (wir-)sind alleine(m,Mz)* Wir sind alleine. (nur Männer oder Männer u. Frauen!)	**Nosotras estamos solas.** *wir (wir-)sind alleine(w,Mz)* Wir sind alleine. (nur Frauen!)

tener (haben, besitzen)/haber (haben)

Das deutsche Verb „haben" hat im Spanischen ebenfalls zwei Entsprechungen: Dabei bedeutet tener „haben" im Sinne von „besitzen", ist also kein Hilfsverb. Zur Bildung der zusammengesetzten Vergangenheitsformen wird ausschließlich haber verwendet.

Damit die Verben tener *und* haber *nicht verwechselt werden, wird* haber *in der Wort-für-Wort-Übersetzung mit „haben" und* tener *mit „besitzen" übersetzt.*

	tener	haber
ich	**tengo**	**he**
du	**tienes**	**has**
er, sie, Sie	**tiene**	**ha**
wir	**tenemos**	**hemos**
ihr	**tienen**	**han**
sie/Sie(Mz)	**tienen**	**han**

Zur 3. Pers. Ez existiert außerdem die unpersönliche Nebenform hay (es gibt), die in der Umgangssprache sehr häufig gebraucht wird. Hay tritt zudem in dem wichtigen Ausdruck hay que (man muss) auf.

Hay mucho sol.
es-gibt viel Sonne
Die Sonne ist sehr stark.

Hay que tener cuidado.
es-gibt dass besitzen Vorsicht
Man muss aufpassen.

Hay que levantarse temprano.
es-gibt dass aufstehen-sich früh
Man muss früh aufstehen.

Weitere Zeiten

Die Möglichkeiten der Zeitenbildung sind im Spanischen reichhaltiger als im Deutschen. Eine vollständige Darstellung würde jedoch den Rahmen des Kauderwelsch-Sprachführers sprengen, weshalb im Folgenden nur zwei Formen der Vergangenheit sowie der Zukunft vorgestellt werden. Damit wird man zwar nicht in jedem Fall korrekt sprechen, sich aber immer verständlich machen können.

Partizip II (Mittelwort der Vergangenheit)

Für die Bildung der vollendeten Gegenwart (Perfekt), z. B. „ich bin gegangen", braucht man zunächst das Partizip II (z. B. „gegangen, gelaufen"), das einfach zu bilden ist. Dabei wird die Endung der Grundform durch die Endung des Partizips ersetzt:

hablar (sprechen)	**hablado** (gesprochen)
comer (essen)	**comido** (gegessen)
vivir (leben)	**vivido** (gelebt)

-ar *wird zu* **-ado**
-er *wird zu* **-ido**
-ir *wird zu* **-ido**

Ausnahmen

abrir	öffnen	**abierto**	geöffnet
decir	sagen	**dicho**	gesagt
escribir	schreiben	**escrito**	geschrieben
hacer	machen, tun	**hecho**	gemacht, getan
poner	stellen, legen	**puesto**	gestellt, gelegt
ver	sehen	**visto**	gesehen

Perfekt (Vollendete Gegenwart)

Man kombiniere die Gegenwartsformen des Hilfsverbs haber (haben) mit dem Partizip II des jeweiligen Verbs!

Nur haber (haben) wird gebeugt, das Partizip II bleibt unverändert! Achtung: Anders als im Deutschen werden die zusammengesetzten Zeiten niemals mit dem Hilfsverb „sein" gebildet!

Am schnellsten zu lernen, weil man sich nur einige wenige Formen einprägen muss, ist das Perfekt (vollendete Gegenwart, z. B.: „ich bin gegangen").

he	**hablado**	ich habe gesprochen
has	**hablado**	du hast gesprochen
ha	**hablado**	er/sie hat/Sie haben gesprochen
hemos	**hablado**	wir haben gesprochen
han	**hablado**	ihr habt gesprochen
han	**hablado**	sie/Sie haben gesprochen

Das Perfekt wird im Allgemeinen für eine Handlung der Vergangenheit benutzt, die erst kürzlich geschehen ist bzw. noch Auswirkungen auf die Gegenwart hat.

Im Satz gilt die Perfekt-Konstruktion (haber + Partizip II) als geschlossene Einheit, in die nichts eingefügt wird.

He llegado hoy.
(ich-)habe angekommen heute
Ich bin heute angekommen.

Siempre hemos comido en este restaurante.
immer (wir-)haben gegessen in dieses Restaurant
Wir haben immer in diesem Restaurant gegessen. (... und tun es noch heute).

Einfache Vergangenheit (Indefinido)

Die Verben auf -er *und* -ir *haben im Gegensatz zur Gegenwartsform die gleichen Beugungsendungen (in der Tabelle wieder durch Bindestriche abgetrennt).*

Eine weitere Vergangenheitsform ist das Indefinido, das der deutschen einfachen Vergangenheit entspricht, z. B. „ich ging". Dabei handelt es sich nicht um eine zusammengesetzte Zeit, sondern um eine eigene Beugungsform.

	habl-ar (sprechen)	**com-er (essen)**	**viv-ir (leben, wohnen)**
ich	**habl-é**	**com-í**	**viv-í**
du	**habl-aste**	**com-iste**	**viv-iste**
er, sie, Sie	**habl-ó**	**com-ió**	**viv-ió**
wir	**habl-amos**	**com-imos**	**viv-imos**
ihr	**habl-aron**	**com-ieron**	**viv-ieron**
sie/Sie (Mz)	**habl-aron**	**com-ieron**	**viv-ieron**

Das Indefinido bezeichnet ein abgeschlossenes Ereignis in der Vergangenheit. Es ist im Spanischen sehr häufig und wird auch dort verwendet, wo man im Deutschen in der gesprochenen Sprache vorwiegend das Perfekt gebraucht.

Ayer comí con ella.
gestern (ich-)aß mit sie
Gestern habe ich mit ihr gegessen.

Él vivió dos años en Caracas.
er (er-)lebte zwei Jahre in Caracas
Er hat zwei Jahre in Caracas gelebt.
(... und lebt heute woanders)

Einfache Vergangenheit von „sein"/„haben"

	ser	estar	tener
ich	**fui**	**estuve**	**tuve**
du	**fuiste**	**estuviste**	**tuviste**
er, sie, Sie	**fue**	**estuvo**	**tuvo**
wir	**fuimos**	**estuvimos**	**tuvimos**
ihr	**fueron**	**estuvieron**	**tuvieron**
sie/Sie (Mz)	**fueron**	**estuvieron**	**tuvieron**

Achtung: ser *(sein) und das unregelmäßige Verb* ir *(gehen) bilden dieselben Formen im „Indefinido". So kann z. B.* fue *sowohl „er war" als auch „er ging" bedeuten.*

Für das Hilfsverb haber (haben) reicht es völlig aus, sich lediglich die 3. Person Einzahl („er/sie") zu merken: hubo. Diese Form ist nämlich zugleich die Vergangenheitsform des unpersönlichen hay (es gibt) und wird dementsprechend mit „es gab" übersetzt.

Zukunft

Die gebräuchlichste Art, zukünftige Ereignisse auszudrücken, ist die Kombination der gebeugten Form von ir (gehen) mit einem zwischengestellten a (etwa „zu") und der Grundform des jeweiligen Verbs, das in die Zukunft gesetzt werden soll. Ir (gehen) ist ein unregelmäßiges Verb.

gebeugtes **ir** (gehen) + **a** (zu)
+ Grundform des jeweiligen Verbs

Weitere Zeiten

Am einfachsten (wenn auch nicht immer ganz korrekt) ist es, wie im Deutschen die Gegenwartsform mit einer entsprechenden Zeitangabe zu verwenden, z. B.: „ich gehe morgen" anstatt „ich werde gehen".

Vamos a salir.
(wir-)gehen zu weggehen
Wir werden gleich weggehen.

Voy a pagar la cuenta mañana.
(ich-)gehe zu bezahlen die Rechnung morgen
Ich werde die Rechnung morgen bezahlen.

Mañana visitamos la catedral.
morgen (wir-)besuchen die Kathedrale
Morgen besichtigen wir die Kathedrale.

Neben den oben genannten Möglichkeiten gibt es für die Zukunft eine eigene Beugungsform (im Spanischen futuro imperfecto genannt). Diese Beugungsform wurde ursprünglich aus dem Infinitiv (Grundform) und dem nachgestellten gebeugten Hilfsverb haber (haben) gebildet (z. B. „hablar he" = ich werde sprechen). Aus einer Verschmelzung dieser Elemente (aus „hablar he" wurde hablaré, aus „hablar has" wurde hablarás usw.) entstanden die heutigen Formen.

Die Beugungsendungen für die Bildung der Zukunft sind bei allen Beugungsklassen gleich; sie werden an den vollständigen Infinitiv (Grundform) angehängt (hier durch Bindestriche abgetrennt):

hablar	sprechen
hablar-é	ich werde sprechen
hablar-ás	du wirst sprechen
hablar-á	er/sie wird / Sie werden sprechen
hablar-emos	wir werden sprechen
hablar-án	ihr werdet sprechen
hablar-án	sie/Sie werden sprechen

Die Zukunftsform wird auch verwendet, um eine Vermutung auszudrücken.

Estará contento/contenta con la habitación.
(er-/sie-)wird-sein zufrieden(m/w) mit das Zimmer
Sie werden mit dem Zimmer zufrieden sein!

¿Qué hora será?
welche Stunde (es-)wird-sein
Wie spät mag es sein?

Modalverben (können, müssen, sollen)

Die Modalverben werden im Allgemeinen in Verbindung mit Vollverben gebraucht und geben der Satzaussage einen zusätzlichen Bedeutungsaspekt (Möglichkeit, Notwendigkeit, Verpflichtung usw.).

deber	poder	querer	saber	tener que
debo	puedo	quiero	sé	tengo que
debes	puedes	quieres	sabes	tienes que
debe	puede	quiere	sabe	tiene que
debemos	podemos	queremos	sabemos	tenemos que
deben	pueden	quieren	saben	tienen que
deben	pueden	quieren	saben	tienen que

Exakte Entsprechungen zwischen den deutschen und den spanischen Modalverben gibt es nicht.

deber (müssen, sollen, dürfen)

Debemos apoyar este plan.
(wir-)müssen unterstützen dieser Plan
Wir müssen diesen Plan unterstützen.

No debes hacerlo.
nicht (du-)darfst machen-es
Du darfst das nicht tun.

¿Qué le debo?
was Ihnen (ich-)schulde
Was schulde ich Ihnen?

Mit deber *wird zumeist eine Notwendigkeit bezeichnet, die sich aus einer moralischen Verpflichtung ergibt. Wichtig:* deber *als Vollverb bedeutet „schulden, (jemandem etwas) schuldig sein".*

poder/saber (können)

¡No puedo más!
nicht (ich-)kann mehr
Ich kann nicht mehr!

Modalverben (können, müssen, sollen)

Mit poder *wird eine Möglichkeit oder Fähigkeit ausgedrückt, die von äußeren Umständen, vom Willen oder von einer Erlaubnis abhängt.*

¡Aquí no se puede fumar!
hier nicht sich (er-/sie-)kann rauchen
Man darf hier nicht rauchen!

Mit saber (können, wissen) dagegen bezeichnet man eine erlernte oder angeborene Fähigkeit.

Todos saben nadar.
alle (sie-)wissen schwimmen
Alle können schwimmen.

querer (wollen)

Möchte man einen Willen oder Wunsch ausdrücken, verwendet man das Verb querer.

Bei einem höflich geäußerten Wunsch benutzt man statt quiero *(ich will) die Konjunktivform* quisiera *(ich würde wollen).*

Queremos ir a la playa.
(wir-)wollen gehen an der Strand
Wir wollen zum Strand gehen.

Quisiera ver algunos cuartos.
(ich-)würde-wollen sehen einige Zimmer
Ich würde gern einige Zimmer sehen.

Als Vollverb hat querer die Bedeutung „lieben".

Te quiero.
dich (ich-)will
Ich liebe dich.

tener que (müssen)

Mit tener que *wird eine Notwendigkeit bzw. ein äußerer Zwang angezeigt.*

Tengo que ir al médico.
(ich-)besitze dass gehen zum Arzt
Ich muss zum Arzt.

Rückbezügliche Verben

Rückbezügliche (reflexive) Verben haben im Infinitiv stets die zusätzliche Endung -se („sich"), z. B. lavarse (sich waschen). Bei der Beugung trennt sich -se vom Infinitiv und wird zu einem selbständigen rückbezüglichen Fürwort, das vor dem Verb steht.

lavarse	*waschen-sich*	sich waschen
me lavo	*mich (ich-)wasche*	ich wasche mich
te lavas	*dich (du-)wäschst*	du wäschst dich
se lava	*sich (er-/sie-)wäscht*	er/sie wäscht sich, Sie waschen sich
nos lavamos	*uns (wir-)waschen*	wir waschen uns
se lavan	*sich (sie-)waschen*	ihr wascht euch
se lavan	*sich (sie-)waschen*	sie waschen sich, Sie (Mz) waschen sich

Im Satz nimmt das rückbezügliche Fürwort eine andere Position ein als im Deutschen. Normalerweise steht es direkt vor dem gebeugten Verb. In einer Konstruktion mit Modalverben wird es jedoch an die Grundform angehängt.

Se decidió a comprar la casa.
sich (er-/sie-)entschloss zu kaufen das Haus
Er/sie entschloss sich, das Haus zu kaufen.

Neben vielen Verben, die wie im Deutschen rückbezüglich verwendet werden können (wie z. B. lavar = waschen, lavarse = sich waschen), gibt es Verben, die im Spanischen immer rückbezüglich sind, im Deutschen aber nicht. Dazu gehören z. B.:

levantarse	aufstehen	**llamarse**	heißen
desvestirse	ausziehen	**despertarse**	aufwachen
bañarse	baden	**callarse**	schweigen
quedarse	bleiben	**detenerse**	stehen bleiben
casarse	heiraten	**pelearse**	streiten
irse	weggehen		

Me voy.	**Me llamo Bernt.**	**¡Cállate!**
mich (ich-)gehe	*mich nenne Bernt*	*schweig-dich*
Ich gehe weg.	Ich heiße Bernt.	Halt die Klappe!

Das rückbezügliche se *wird auch verwendet, um das deutsche „man" auszudrücken.*

Se venden souvenirs.	**Se habla alemán.**
man (sie-)verkaufen Souvenirs	*man (er-)spricht deutsch*
Man verkauft Souvenirs.	Man spricht Deutsch.

Satzstellung

Der Satzbau ist im Spanischen in der Regel wie im Deutschen. Zu beachten ist, dass die gebeugten persönlichen Fürwörter („mir, dir, mich, dich ..."), die rückbezüglichen Fürwörter („mich, dich ...") sowie das no (nicht) anders als im Deutschen immer direkt vor dem Verb stehen. Der einfache Aussagesatz folgt meist folgendem Schema:

Subjekt (Satzgegenstand)	Prädikat (Satzaussage)	Objekt (Satzergänzung)
El niño	**toma**	**el jugo.**
das Kind	*trinkt*	*der Saft*
Das Kind	trinkt	den Saft.
Nosotros	**te damos**	**la llave.**
wir	*dir (wir-)geben*	*der Schlüssel*
Wir	geben dir	den Schlüssel.

Auch wenn ein Umstandswort (Adverb) oder ein anderes Wort vorangestellt wird, bleibt das Grundschema erhalten; es erfolgt keine Umstellung von Subjekt und Prädikat wie im Deutschen.

Hoy el Señor Vargas va al cine.
heute der Herr Vargas geht in-das Kino
Heute geht Herr Vargas ins Kino.

Verneinung

Aussagesätze werden durch no (nein, nicht) verneint, das grundsätzlich vor der Satzaussage steht.

Desgraciadamente no puedo venir.
leider(Umst.) nicht (ich-)kann kommen
Ich kann leider nicht kommen.

Im Spanischen wird auch dann das Verb verneint, wenn sich im Deutschen die Verneinung auf das Hauptwort bezieht.

No tengo tiempo.
nicht (ich-)besitze Zeit
Ich habe keine Zeit.

Estos zapatos no me gustan.
diese Schuhe nicht mir (sie-)gefallen
Diese Schuhe gefallen mir nicht.

Die unbestimmten Verneinungsfürwörter „niemand, nichts, niemals" usw. benötigen im Castellano eine besondere Konstruktion, die eigentlich eine doppelte Verneinung darstellt. Dabei wird das Verb mit no (nein, nicht) verneint und das Verneinungsfürwort in der Regel an den Schluss des Satzes gestellt.

Eine verdoppelte Verneinung ergibt keinen positiven Sinn!

no ... ninguno	keiner (m)
no ... ninguna	keine (w)
no ... nadie	niemand
no ... nunca **no ... jamás**	niemals
no ... nada	nichts
no ... tampoco	auch nicht
no ... en ninguna parte	nirgends
no ... a ninguna parte	nirgendwohin
no ... de ninguna parte	nirgendwoher

No entiendo nada.
nicht (ich-)verstehe nichts
Ich verstehe nichts.

Die Verneinung des Verbs entfällt nur dann, wenn das besondere verneinende Wort (z. B. „nie, nichts ...") dem Verb vorangestellt ist.

No volverá nunca.
nicht (er-/sie-)wird-zurückkommen niemals
Er/sie wird nie zurückkommen.

Nunca he comido tanto.
nie (ich-)habe gegessen soviel
Nie habe ich so viel gegessen.

Nadie me contestó.
niemand mir (er-/sie-)antwortete
Es hat mir niemand geantwortet.

Fragen

Man unterscheidet wie im Deutschen zwischen Entscheidungsfragen und Ergänzungsfragen.

Entscheidungsfragen

Entscheidungsfragen sind Fragen, die man nur mit sí *(ja) oder* no *(nein) beantworten kann.*

In der Regel wird in der Frage Satzgegenstand (Subjekt) und Satzaussage (Prädikat) gegenüber der Wortstellung im normalen Aussagesatz vertauscht.

Este es el camino hacia ...
dies (er-)ist der Weg nach ...
Das ist der Weg nach ...

¿Es este el camino hacia ...?
(er-)ist dies der Weg nach ...
Ist das der Weg nach ...?

Möglich ist es auch, die Wortfolge des Aussagesatzes beizubehalten und nur mittels der Satzmelodie anzuzeigen, dass es sich um eine Frage handelt.

¿Este es el camino hacia ...?
dies (er-)ist der Weg nach ...
Das ist der Weg nach ...?

Ergänzungsfragen

¿Dónde esta el museo?
wo (er-)ist das Museum
Wo ist das Museum?

Ergänzungsfragen werden durch Fragewörter eingeleitet; man antwortet mit einem vollständigen Satz. Subjekt und Prädikat werden umgestellt.

¿Cuándo viene tu hermana?
wann (sie-)kommt deine Schwester
Wann kommt deine Schwester?

¿(desde) cuándo?	(seit) wann?	**¿cuántos?/ ¿cuántas?**	wie viele? (m/w)
¿por qué?	warum?	**¿cuánto tiempo?**	wie lange?
¿qué?	was?		
¿cuál?	welche(r)?	**¿dónde?**	wo?
¿quién?	wer?	**¿para qué?**	wofür?
¿cómo?	wie?	**¿de dónde?**	woher?
¿cuánto?	wie viel?	**¿adónde?**	wohin?

Etliche Fragewörter sind mit Bindewörtern identisch. Um sie von diesen zu unterscheiden, werden Fragewörter mit einem Akzent geschrieben, Bindewörter nicht, z. B. ¿cuándo? (wann?), aber cuando (wenn, als).

¿Hola, cómo le va?
hallo, wie Ihm/Ihr (es-)geht
Hallo, wie geht es Ihnen?

¿Cuánto vale esta bolsa?
wieviel (sie-)kostet diese Tasche
Wie viel kostet diese Tasche?

¿Cuándo llega el camión?
wann (er-)ankommt der Bus
Wann kommt der Bus an?

¿Cómo te llamas?
wie dich (du-)rufst
Wie heißt du?

¿Quién es?
wer (er-/sie-)ist
Wer ist das?

¿Qué es eso?
was (es-)ist dieses
Was ist das?

¿Dónde vives?
wo (du-)wohnst
Wo wohnst du?

Auffordern & Befehlen

Die Bildung der Befehlsform (Imperativ) ist einfach, wenn man den Ansprechpartner duzt. Dann ist die Befehlsform mit der 3. Person Einzahl Gegenwart („er/sie ...“) identisch.

habla	er/sie spricht	**¡habla!**	sprich!
come	er/sie isst	**¡come!**	iss!
vive	er/sie lebt	**¡vive!**	leb!

In der Wort-für-Wort-Übersetzung ist die Befehlsform mit einem Ausrufezeichen gekennzeichnet.

¡Habla más alto!
sprich! mehr laut
Sprich lauter!

¡Come, Francisco!
iss!, Francisco
Iss, Francisco!

Wird eine Person gesiezt, geht man von der Du-Befehlsform (Ez) aus: Die Endung -a wird regelmäßig durch -e ersetzt, -e wird durch -a ersetzt. (Im Spanischen ist dies die Möglichkeitsform: subjuntivo).

¡habla!	sprich!	**¡hable!**	sprechen Sie!
¡come!	iss!	**¡coma!**	essen Sie!
¡vive!	leb!	**¡viva!**	leben Sie!

Oft wird der Sie-Befehlsform darüber hinaus Usted *nachgestellt.*

¡Hable Usted!
(er-/sie-)spreche! Sie
Sprechen Sie!

¡Coma Usted todo!
(er-/sie-)esse! Sie alles
Essen Sie alles!

¡Viva Usted bien!
(er-/sie-)lebe! Sie gut(Umst.)
Leben Sie wohl!

Fordert man mehrere Personen zu etwas auf, geht man von der 3. Person Mz („sie") aus: Die Endung -an wird durch -en und -en wird durch -an ersetzt:

hablan	sie sprechen	**¡hablen!**	sprecht/sprechen Sie!
comen	sie essen	**¡coman!**	esst! essen Sie!
viven	sie leben	**¡vivan!**	lebt! leben Sie!

Unregelmäßige Befehlsformen bilden folgende häufig gebrauchte Verben (hier nur die wichtigsten):

¡ve(te)!	geh!	**¡vaya(se)!**	gehen Sie!	**ir(se)** *(gehen)*
¡da!	gib!	**¡dé!**	geben Sie!	**dar** *(geben)*
¡di!	sag!	**¡diga!**	sagen Sie!	**decir** *(sagen)*
¡oye!	hör!	**¡oiga!**	hören Sie!	**oír** *(hören)*
¡sal!	geh fort!	**¡salga!**	gehen Sie fort!	**salir** *(weggehen)*
¡ten!	hab!	**¡tenga!**	haben Sie!	**tener** *(haben, besitzen)*
¡ven!	komm!	**¡venga!**	kommen Sie!	**venir** *(kommen)*
¡ve!	sieh!	**¡vea!**	sehen Sie!	**ver** *(sehen)*

¡Ven aquí!
komm! hier
Komm her!

¡Tome Usted esto!
(er-/sie-)nehme! Sie dieses
Nehmen Sie das hier!

¡hable!	sprechen Sie!	**¡no hable!**	... nicht!
¡haga!	machen Sie!	**¡no haga!**	... nicht!

Die Sie-Befehlsform wird mit vorangestelltem no *(nicht) verneint.*

Die Verneinung der Du-Befehlsform ist komplizierter, da nicht nur no (nicht) vorangestellt wird, sondern sich auch die Befehlsform verändert. Im Spanischen wird bei der Verneinung nämlich die Möglichkeitsform (subjuntivo) verlangt, auf deren

Erklärung wir hier aus Gründen der Übersicht verzichten. Sicherlich wird man auch verstanden, wenn man der Befehlsform einfach nur no voranstellt.

Achtung: Werden die gebeugten persönlichen oder die rückbezüglichen Fürwörter in eine Befehlsform eingebaut, so werden sie an diese angehängt.

me dice	*mir (er-/sie-)sagt*	er/sie sagt mir
¡dime!	*sag-mir!*	sag mir!
¡dímelo!	*sag-mir-es!*	sag es mir!
se va	*sich (er-/sie-)geht*	er/sie geht weg
¡vete!	*geh-dich!*	geh weg!

Verlaufsform

Die im Spanischen sehr häufig verwendete Verlaufsform ist eine Konstruktion, die in vergleichbarer Form im Deutschen nicht benutzt wird. Man bezeichnet damit eine gerade ablaufende Handlung. Die Verlaufsform setzt sich aus der jeweiligen gebeugten Form von estar (sein) und dem Partizip I (Mittelwort der Gegenwart, z. B.: „sprechend, essend“) zusammen. Wie das Partizip II wird auch das Partizip I regelmäßig gebildet, indem die Endung des Infinitivs durch -ando bzw. -iendo ersetzt wird.

-ar *wird zu* **-ando**
-er *wird zu* **-iendo**
-ir *wird zu* **-iendo**

hablar (sprechen)	**hablando** (sprechend)
comer (essen)	**comiendo** (essend)
vivir (leben)	**viviendo** (lebend)

Ella está escribiendo una carta.
sie (sie-)ist schreibend ein Brief
Sie schreibt gerade einen Brief.

Están saliendo.
(sie-)sind weggehend
Sie sind dabei fortzugehen.

Bindewörter

Aus der Vielzahl der Bindewörter, die Sätze oder Satzteile verknüpfen, hier nur die wichtigsten:

y	und	**porque**	weil
o	oder	**si**	wenn, falls; ob
pero	aber	**cuando**	wenn, als; sobald
aunque	obwohl	**como**	wie; da
sino	sondern	**que**	dass; welche(r, -s)
sin embargo	jedoch		

Achtung: Einige Bindewörter werden in verschiedenen Bedeutungen verwendet!

Si viene él, yo me quedo.
wenn kommt er, ich mich (ich-)bleibe
Wenn er kommt, bleibe ich hier.

Me pregunto si viene él.
mich (ich-)frage ob (er-)kommt er
Ich frage mich, ob er kommt.

Die Funktionen von que sind besonders vielfältig. Es bedeutet „dass", tritt aber auch als Relativpronomen „welcher, welche, welches" oder als Vergleichspartikel „als" im Vergleichssatz auf:

Dice que viene pronto.
(er-)sagt dass (er-)kommt bald
Er sagt, dass er bald komme(n werde).

La mesa que está allí.
der Tisch welcher (er-)ist dort
Der Tisch, der dort steht.

Isabel trabaja mejor que otros.
Isabel (sie-)arbeitet besser als andere
Isabel arbeitet besser als andere.

Verhältniswörter

Die Verhältniswörter werden nicht immer wie im Deutschen benutzt. Eine markante Schwierigkeit besteht z. B. in der Unterscheidung von para und por.

a	nach, zu	**en**	in, an, auf
bajo	unter	**entre**	zwischen
cerca de	nahe bei	**fuera de**	außerhalb von
con	mit	**hacia**	gegen, in Richtg.
contra	gegen	**hasta**	bis
de	von, aus	**junto a**	neben
delante de	vor	**para**	für
dentro de	innerh. von	**por**	wegen; durch; für
desde	von ... aus; seit	**sin**	ohne
detrás de	hinter	**sobre**	auf

Mit para *wird ein Zweck, eine Bestimmung oder eine persönliche Ansicht bezeichnet.*

Esta hamaca es un regalo para mi hermano.
diese Hängematte (sie-)ist ein Geschenk für mein Bruder
Diese Hängematte ist ein Geschenk für meinen Bruder.

Para él es una cosa extraordinaria.
für er (es-)ist eine Sache außergewöhnliche
Für ihn ist es eine außergewöhnliche Sache.

Por *dient einmal zur Angabe eines Grundes oder einer Ursache, dann aber auch als Orts- oder Zeitangabe.*

Él se queda dentro de la casa por la lluvia.
er sich (er-)bleibt drinnen von das Haus wegen der Regen
Er bleibt im Haus wegen des Regens.

Viaja por México.
(er-/sie-)reist durch México
Er/sie reist durch México.

No vamos en taxi, sino en camión.
nicht (wir-)fahren in Taxi, sondern in Autobus
Wir fahren nicht mit dem Taxi, sondern mit dem Bus.

Besonders zu beachten ist, dass man bei dem Hinweis auf das benutzte Verkehrsmittel nicht con *(mit) – wie man vom Deutschen her erwarten könnte –, sondern* en *(in) verwendet.*

Stehen die Verhältniswörter a und de vor dem bestimmten männlichen Artikel el, bilden sie zusammen mit diesem eine neue Form:

a	+	**el**	=	**al**	(zu dem, zum, nach dem)
de	+	**el**	=	**del**	(von dem, vom)

Mit dem weiblichen Artikel (a la/las, de la/las) und mit dem männlichen Artikel Mehrzahl (a los, de los) verschmelzen sie jedoch nicht.

Zahlen & Zählen

Für „eins" gibt es neben dem normalen Zahlwort auch eine männliche und eine weibliche Form.

Grundzahlen

0	**cero**	10	**diez**		
1	**uno, un, una**	11	**once**		
2	**dos**	12	**doce**	20	**veinte**
3	**tres**	13	**trece**	30	**treinta**
4	**cuatro**	14	**catorce**	40	**cuarenta**
5	**cinco**	15	**quince**	50	**cincuenta**
6	**seis**	16	**dieciséis**	60	**sesenta**
7	**siete**	17	**diecisiete**	70	**setenta**
8	**ocho**	18	**dieciocho**	80	**ochenta**
9	**nueve**	19	**diecinueve**	90	**noventa**

Uno *wird (auch in den zusammengesetzten Zahlen) vor einem männlichen Hauptwort zu* un *und vor einem weiblichen Hauptwort zu* una.

Im Gegensatz zum Deutschen stellt man die Einer den Zehnern nach, diese wiederum den Hunderten usw. Nur zwischen Zehner und Einer wird y (und) geschoben. Ausnahmen sind lediglich die zusammengesetzten Zahl von 21 bis 29:

21	**veintiuno/-ún/-una**	33	**treinta y tres**
22	**veintidós**	74	**setenta y cuatro**
23	**veintitrés**	85	**ochenta y cinco**
31	**treinta y uno/un/una**	96	**noventa y seis**
32	**treinta y dos**		

In den zusammengesetzten Zahlen heißt „100" nicht cien, *sondern* ciento, *ab „200" jedoch* cientos *(m) bzw.* cientas *(w), je nach Geschlecht des dazugehörigen Hauptwortes. Achtung bei 500, 700 und 900!*

100	**cien (ciento)**	700	**setecientos/-as**
101	**ciento uno/un/una**	800	**ochocientos/-as**
200	**doscientos/-as**	900	**novecientos/-as**
300	**trescientos/-as**	1000	**mil**
400	**cuatrocientos/-as**	2000	**dos mil**
500	**quinientos/-as**	3000	**tres mil** (usw.)
600	**seiscientos/-as**	10.000	**diez mil**

una hora *eine(w) Stunde*	eine Stunde
veintiún libros *zwanzig-und-ein Bücher*	21 Bücher
ciento cuarenta y una vacas *hundert vierzig und eine(w) Kühe*	141 Kühe
setecientos treinta y tres pesos *siebenhundert dreißig und drei Pesos*	733 Pesos

Ordnungszahlen

Ordnungszahlen verhalten sich wie Eigenschaftswörter und richten sich in Zahl und Geschlecht nach dem dazugehörigen Hauptwort, dem sie in der Regel vorangestellt sind. Die weibliche Form erhält man, indem man die Endung -o durch -a ersetzt.

primero	erster	**sexto**	sechster
segundo	zweiter	**séptimo**	siebter
tercero	dritter	**octavo**	achter
cuarto	vierter	**noveno**	neunter
quinto	fünfter	**décimo**	zehnter

Bei den Ordnungszahlen primero *(erster) und* tercero *(dritter) entfällt die Endung* -o *vor männlichen Hauptwörtern.*

el primer piso
erster Stock

el segundo piso
zweiter Stock

Es la tercera vez que estoy en México.
(es-)ist das dritte(w) Mal dass (ich-)bin in Mexiko
Es ist das dritte Mal, dass ich in Mexiko bin.

Bruchzahlen

medio	einhalb	**un tercio**	ein Drittel
la mitad	die Hälfte	**un cuarto**	ein Viertel

Zeit & Datum

Mexikanische Pünktlichkeit bedeutet, frühestens eine halbe Stunde nach der vereinbarten Zeit zu kommen.

allgemeine Zeitangaben

hoy – mañana	heute – morgen
pasado mañana	übermorgen
ayer	gestern
anoche	gestern Abend
anteayer	vorgestern
por la mañana	morgens
al mediodía	mittags
por la tarde	nachmittags
por la noche	abends/nachts
diariamente	täglich
(más) temprano	früh(er)
(más) tarde	spät(er)

antes/después	vor-/nachher
ya – ya no	schon – nicht mehr
todavía – todavía no	noch – noch nicht
ahora	jetzt
de inmediato, en seguida	sofort, gleich
pronto	bald
luego, entonces	dann
a veces, de vez en cuando	manchmal
muchas veces	oft
siempre – nunca	immer – nie

hace una semana
(es-)macht eine Woche
vor einer Woche

desde ayer
seit gestern
seit gestern

de hoy en tres días
von heute in drei Tagen
in drei Tagen

Uhrzeit

Zur Angabe der Uhrzeit wird das Verb ser *(sein) benutzt. Die Stunde wird immer mit dem bestimmten Artikel genannt; da* hora *(Stunde) ein weibliches Hauptwort ist, werden jeweils die weiblichen Formen gewählt.*

¿Qué hora es?
welche Stunde (es-)ist
Wie spät ist es?

¿Qué horas son?
welche Stunden (sie-)sind
Wie spät ist es?

Es la una.
(es-)ist die eine(w)
Es ist ein Uhr.

Son las dos.
(sie-)sind die zwei
Es ist zwei Uhr.

Son las tres.
(sie-)sind die drei
Es ist drei Uhr.

Im Allgemeinen werden die Stunden nur im 12-Stunden-Rhythmus gezählt, eine Angabe wie etwa „achtzehn Uhr“ ist unüblich. Um Missverständnisse zu vermeiden, kann die Tageszeit hinzugefügt werden:

de la mañana	*von der Morgen*	morgens
de la tarde	*von die spät*	nachmittags
de la noche	*von die Nacht*	abends/nachts

Son las seis de la mañana.
(sie-)sind die sechs von der Morgen
Es ist sechs Uhr früh (6 Uhr).

Son las seis de la tarde.
(sie-)sind die sechs von die spät
Es ist sechs Uhr abends (18 Uhr).

las cinco y diez
die fünf und zehn
zehn nach fünf

Minuten, Viertelstunden und halbe Stunden werden zu den vollen Stunden mit y *hinzugezählt oder auf die folgende volle Stunde mit* para *(für) bezogen.*

cinco para las ocho
fünf für die acht
fünf vor acht

las dos y media
die zwei und halb
halb drei

la una y cuarto
die eine(w) und viertel
Viertel nach eins

un cuarto para las tres
ein viertel für die drei
Viertel vor drei

Es gibt darüber hinaus noch folgende feststehende Ausdrücke:

Es mediodía. *(es-)ist Mittag*	Es ist zwölf Uhr mittags.
Es medianoche. *(es-)ist Mitternacht*	Es ist Mitternacht.
Son las dos en punto. *(sie-)sind die zwei in Punkt*	Es ist genau zwei Uhr.
Son las dos y cacho. *(sie-)sind die zwei und Stückchen*	Es ist kurz nach zwei Uhr.

¿A qué hora vienes?
zu welche Stunde (du-)kommst
Um wie viel Uhr kommst du?

A las cinco.
zu die fünf
Um fünf.

Wochentage

lunes	Montag	**viernes**	Freitag
martes	Dienstag	**sábado**	Samstag
miércoles	Mittwoch	**domingo**	Sonntag
jueves	Donnerstag	**día feriado**	Feiertag

Wendungen wie „am Montag" oder „montags" werden im Spanischen mit dem bestimmten Artikel ausgedrückt.

Nos encontramos el sábado.
uns (wir-)treffen der Samstag
Wir treffen uns am Samstag.

Los lunes muchos museos están cerrados.
die Montage viele Museen (sie-)sind geschlossene
Montags sind viele Museen geschlossen.

Monate

enero	**abril**	**julio**	**octubre**
febrero	**mayo**	**agosto**	**noviembre**
marzo	**junio**	**septiembre**	**diciembre**

en el mes de julio
in der Monat von Juli
im Monat Juli

en julio
in Juli
im Juli

Beim Datum wird lediglich der erste eines Monats als Ordnungszahl angegeben, sonst werden die Tage mit den Grundzahlen benannt. Bei den Jahreszahlen zählt man nicht wie im Deutschen mit Vielfachen von Hundert (z. B. „Neunzehnhundert"), sondern mit mil *(tausend).*

Datum

¿Qué fecha tenemos?
welches Datum besitzen
Welches Datum haben wir?

el quince de septiembre
der 15 von September
der/den 15. September

el primero de octubre de mil novecientos noventa y cinco
der erste von Oktober von tausend neunhundert neunzig und fünf
der/den 1. Oktober 1995

Nací el cuatro de enero ...
(ich-)wurde-geboren der vier von Januar ...
Ich wurde am 4. Januar ... geboren.

¿Qué día tenemos hoy?
welcher Tag (wir-)besitzen heute
Welchen Tag haben wir heute?

Hoy es sábado.
heute (es-)ist Samstag
Heute ist Samstag.

Jahreszeiten

Die Jahreszeiten-Bezeichnungen werden stets mit Artikel verwendet.

la primavera	Frühling	**el otoño**	Herbst
el verano	Sommer	**el invierno**	Winter

Maße & Mengenangaben

un centímetro	1 cm	**un litro**	1 l
un metro	1 m	**un gramo**	1 g
un kilómetro	1 km	**un kilogramo**	1 kg

una mano	1 Handvoll	**una docena**	1 Dutzend
una botella	1 Flasche	**un vaso**	1 Glas
una ración	1 Portion		

Umgangssprachliche Bezeichnungen:

un bonche, un guato, un chorro (ein Schwall)	ein Haufen, viel
un chirris	ein bisschen

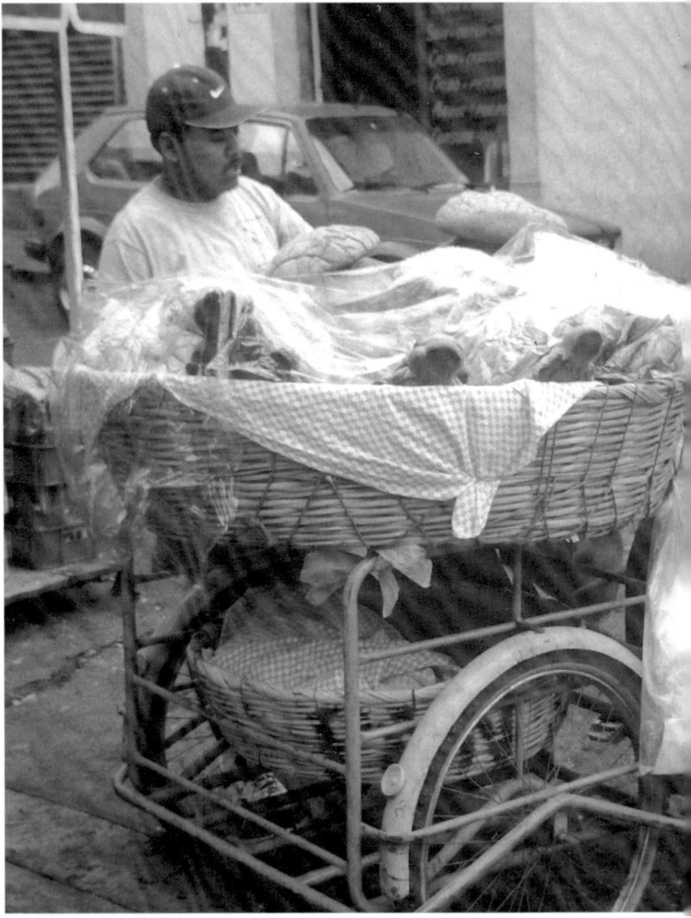

Kurz-Knigge

Wer als Reisender den Menschen, die er unterwegs trifft, respektvoll und zurückhaltend gegenübertritt, kann eigentlich kaum etwas falsch machen.

Mexikaner gehen **höflicher** miteinander um als Deutsche. Vor allem beim Kennenlernen sowie bei offiziellen Anlässen, Behördengängen etc. wird sogar eine gewisse Förmlichkeit sehr geschätzt. Dies äußert sich z. B. in Floskeln wie ¡Pase adelante! („Treten Sie doch ein!“, vorher sollte man selbiges denn auch nicht tun) oder ¡Con permiso! („Gestatten Sie!“, etwa wenn man sich durch den vollen Bus drängelt).

Immer wenn mehrere Leute irgendwo **auf etwas warten,** bilden sie eine Schlange. Vordrängeln ist sehr grob und unhöflich.

Da besonders Ausländer stark nach ihrem Äußeren beurteilt werden, ist **angemessene Kleidung** sehr wichtig. Am besten passt man sich den einheimischen Gepflogenheiten an (was nicht bedeutet, nur noch in Indianertracht herumzulaufen): Männer tragen (außer am Strand) keine kurzen Hosen, Frauen sollten auf freizügige Kleidung verzichten und auf jeden Fall einen BH tragen. Männer mit Ohrringen gelten bestenfalls als unmännlich.

Mittagsruhe: Zwischen ca. 14 und 17 Uhr läuft das Leben in Mexiko auf Sparflamme,

90 % der Touristen, die Mexiko bereisen, kommen aus den USA, mit denen die Mexikaner eine Art Hassliebe verbindet. Man wird daher automatisch zunächst einmal für einen Ami gehalten und gleich viel vorurteilsfreier betrachtet, wenn man sich als Europäer zu erkennen gibt.

denn dann hält man **siesta.** Man tut gut daran, diese nicht zu stören.

Die **Kritik an den Verhältnissen** in ihrem Land überlässt man besser den Mexikanern selbst, andernfalls gilt man schnell als arrogant und besserwisserisch.

Die Bezeichnung **indios** für die Ureinwohner Lateinamerikas klingt nicht nur im Deutschen diskriminierend. Statt dessen verwendet man besser den Begriff **indígenas** (sowohl für Männer als auch für Frauen), was „Einheimische“ bedeutet.

Sicherheit: Man sollte **Diebstähle** nicht provozieren, indem Schmuck oder andere Wertgegenstände offen zur Schau getragen werden. In **Menschenmengen** (Busse, Metro, Bahnhöfe etc.) ist es sinnvoll, den Rucksack vor dem Körper zu tragen. **Polizisten** gegenüber ist ein gesundes Misstrauen angebracht. Viele behaupten, nichts in Mexiko sei so gefährlich wie die Polizei.

Typische Gesten & Handzeichen

Wenn der **erhobene Zeigefinger hin- und herbewegt** wird, so bedeutet das „nein“.

Beim **Zählen mit den Fingern** beginnen Mexikaner mit dem kleinen Finger und nicht mit dem Daumen.

Ein mit erhobener Hand **von Daumen und Zeigefinger gebildeter Kreis** bedeutet nicht etwa ein Lob, sondern „Arschloch“ – sehr beleidigend!

Namen & Anrede

Die Nachnamen (apellidos) der Mexikaner setzen sich wie die der Spanier aus den jeweils ersten Familiennamen des Vaters und der Mutter zusammen. Ebenso haben die meisten Mexikaner mehrere Vornamen (nombres), z. B.:

Namen

Antonio	**López**	**Morales**	**García**
1. Vorname	2. Vorname	Nachn. Vater	+ Mutter

Im Alltag wird jedoch meist nur ein Vorname und der erste Nachname (also der des Vaters) benutzt oder der zweite Nachname wird abgekürzt, z. B. Antonio Morales G.

Anrede

Die normale Anrede einer Person, die man siezt, ist señor (für Männer) oder señora (für Frauen), gefolgt vom Nachnamen:

In formellen Situationen ist in Mexiko der Höflichkeitstitel licenciado *(abgekürzt* lic., *allgemein für Akademiker, besonders jedoch Anwälte) sehr gebräuchlich, der ebenfalls ohne den Nachnamen verwendet werden kann.*

Señora García	Frau García
Señor García	Herr García

Außerdem gibt es die Form señorita (Fräulein). Im täglichen Leben werden diese Anredeformen gewöhnlich ohne den Nachnamen verwendet:

¡Señoras y señores!
Meine Damen und Herren!

Por favor, señor, ¿qué hora es?
bitte, Herr, was Stunde (es-)ist
Entschuldigen Sie, wie spät ist es?

Begrüßen & Verabschieden

Bei Begrüßungen gibt jeder jedem die Hand, auch wenn das Ganze dadurch etwas länger dauert. Befreundete Männer umarmen sich oft, Frauen geben sich einen Kuss auf die Wange.

begrüßen

¡Hola!	Hallo!
¡Buenos días!	Guten Morgen! Guten Tag!
¡Buenas tardes!	Guten Tag! (nachmittags)
¡Buenas noches!	Guten Abend! Gute Nacht!
¡Bienvenido!/ ¡Bienvenida!	Herzlich willkommen! (zum Mann/zur Frau)

Beliebt ist auch die Kurzformel ¡Buenas!. *Die Frage nach dem Befinden ist obligatorisch.*

¡Hola! ¿Cómo estás?
hallo, wie (du-)bist
Hallo! Wie geht's?

¡Hola! ¿Qué tal?
hallo, was solches
Hallo! Wie geht's?

¡Buenos días! ¿Cómo está Usted?
gute Tage, wie (es-)ist Sie
Guten Tag! Wie geht es Ihnen?

Sehr mexikanisch sind die nebenstehenden Ausdrücke!

¡Hola! ¿Qué cuentas?
hallo, was (du-)erzählst
Hallo! Was gibt's Neues?

¡Hola! ¿Quihubo?
hallo, was-es-gab

¡Hola! ¿Qué onda?
hallo, was Welle

Hallo! Wie geht's?

Bien, ¿y tú?
gut, und du
Gut, und dir?

Muy bien, gracias. ¿Y Usted?
sehr gut, danke, und Sie
Danke, sehr gut. Und Ihnen?

Wenn man sich nicht gut kennt, sollte man die Fragen nach dem Befinden nicht allzu genau nehmen, die Standardantwort lautet dann immer „gut".

Regular.	Mäßig.
Más o menos. *mehr oder weniger*	Es geht so.
Como siempre.	Wie immer.

sich/jemanden vorstellen

¿Cómo te llamas?
wie dich (du-)rufst
Wie heißt du?

¿Cuál es su nombre?
welcher (er-)ist sein Name
Wie ist Ihr Name?

Me llamo ...
mich (ich-)rufe ...
Ich heiße ...

Mi nombre es ...
mein Name (er-)ist ...
Mein Name ist ...

Le/te presento a mi amigo Jorge.
Ihnen/dir (ich-)vorstelle zu mein Freund Jörg
Darf ich Ihnen/dir meinen Freund Jörg vorstellen?

Mucho gusto (en conocerte/en conocerle).
viel Gefallen (in kennenlernen-dich/in kennenlernen-ihn)
Sehr erfreut (dich/Sie kennen zu lernen)!

Encantado/encantada.
erfreut(m/w)
Sehr erfreut.

Achtung: encantado *sagt ein Mann,* encantada *dagegen eine Frau!*

Fue un placer. *(es-)war ein Gefallen* Es war mir ein Vergnügen.	**Igualmente.** *gleich* Ebenfalls./Ganz meinerseits.

verabschieden

¡Adiós!	Auf Wiedersehen!
¡Hasta luego! *bis nachher*	Bis bald!
¡Hasta mañana! *bis morgen*	Bis morgen!
¡Hasta más tarde! *bis mehr spät*	Bis später!
¡Nos vemos! *uns (wir-)sehen*	Wir sehen uns!
¡Chau!/¡Chaucito!	Tschüss!

Auch ¡Buenos días! etc. kann als Abschiedsfloskeln benutzt werden, das klingt dann etwas unpersönlicher. Weitere Ausdrücke:

¡Que te vaya bien! *das dich (es-)gehe gut* Alles Gute! (wenn man duzt)	**¡Que le vaya bien!** *das ihm (es-)gehe gut* Alles Gute! (wenn man siezt)
¡Cuídate! *pass!-auf-dich* Pass auf dich auf!	**¡Pásalo bien!** *verbring!-es gut* Lass es dir gutgehen!

Bitten, Danken, Wünschen

Wer die folgenden Höflichkeitsfloskeln beherrscht, erntet bereits Anerkennung.

bitten

¡Por favor!	**Me permite.**	**¡Con permiso!**
für Gefallen	*mir (er-/sie-)erlaubt*	*mit Erlaubnis*
Bitte!	Gestatten Sie?	Gestatten Sie?

wünschen

¡Suerte! *(Glück)*	Viel Glück!
¡Que te diviertas! *dass dich vergnügst*	Viel Vergnügen!
¡Buen viaje! *(gute Reise)*	Gute Fahrt!
¡Que duermas bien! *dass schläfst gut*	Schlaf gut!
¡Ojalá!	Hoffentlich!
¡Que se mejore! *dass sich (es-)bessere*	Gute Besserung!
¡Feliz cumpleaños! *glücklicher Geburtstag*	Herzlichen Glückwunsch zum Geburtstag!
¡Feliz navidad! *glückliche Weihnachten*	Frohe Weihnachten!
¡Feliz año nuevo! *glückliches Jahr neu*	Frohes Neues Jahr!

danken

¡Muchas gracias!	**¡Muy amable!**
viele Danke	*sehr liebenswürdig*
Vielen Dank	Sehr liebenswürdig!

Auf „danke!" antwortet man nie mit ¡Por favor!, *sondern meist mit* De nada. *oder* No hay de qué.

¡Le agradezco mucho!
Ihnen (ich-)bedanke viel
Ich danke Ihnen sehr!

De nada.
von nichts
Keine Ursache!

No hay de qué.
nicht es-gibt von was
Keine Ursache!

Floskeln & Redewendungen

Die folgenden Floskeln sind nach Redeintentionen sortiert.

sich entschuldigen

¡Perdón!
Pardon!

¡Disculpa!
Entschuldige!

¡Disculpe!
Entschuldigen Sie!

¡Lo siento!
es (ich-)fühle
Tut mir Leid!

¡Lo siento mucho!
es (ich-)fühle viel
Tut mir sehr Leid!

Auf eine Entschuldigung kann man antworten mit:

No es grave.
nicht (es-)ist ernst
Ist nicht schlimm.

No pasó nada.
nicht (es-)passierte nichts
Es ist nichts passiert.

No te preocupes.
nicht dich (du-)sorgest
Mach dir keine Sorgen.

No se preocupe.
nicht sich (er-/sie-)sorge
Machen Sie sich keine Sorgen.

berichten/meinen

Creo que ...	Ich glaube, dass ...
Pienso que ...	Ich denke, dass ...
Opino que ...	Ich meine, dass ...
Me parece que ...	Mir scheint, dass ...
Se me hace que ...	Mir scheint, dass ...

Um etwas besonders zu bekräftigen, sagt man in Mexiko oft Me cae que (Ich bin sicher, dass ...).

Eine typische Einleitungsfloskel ist ¡Fíjate ...! *(wenn man sich duzt) oder* ¡Fíjese ...! *(wenn man sich siezt), was etwa mit „Stell dir vor ...!" übersetzt werden kann. Ebenfalls sehr gebräuchlich ist* Mira! *(Sieh mal!) bzw.* Mire! *(Sehen Sie!). Statt* mismo *wird in der Umgangssprache häufig* mero *verwendet, z. B.* ¡Ahí mero! *(Genau da!).*

zustimmen/Vorschlag annehmen

¡Sí!	Ja!
¡Claro (que sí)!/¡Cierto!	Natürlich!/Sicher!
¡Exactamente!	Genau!
¡Ese mismo!	Genau der!
¡Ahí mismo!	Genau da!
¡Cómo no! *(wie nein)*	Auf jeden Fall!
¡Así es!	So ist es!
¡Buena idea!	Gute Idee!
Está bien.	Ist gut.

Sehr oft wird man auch die Floskeln ¡Ándale! und ¡Órale! zu hören bekommen, die beide etwa „Nur zu!" oder „Komm schon!" bedeuten.

De acuerdo.
von Übereinstimmung
Einverstanden.

Tienes razón.
(du-)hast Vernunft
Du hast Recht.

Eso es verdad.
das (es-)ist Wahrheit
Das ist wahr.

Eso lo creo.
das es (ich-)glaube
Das glaube ich.

Sí, con mucho gusto.
ja, mit viel Vergnügen
Ja, gerne.

ablehnen

Sehr flapsig ist ¡Ni pedo! *(Auf keinen Fall!).*

No, gracias.
nein, danke
Nein, danke.

¡De ninguna manera!
von keine Art
Auf keinen Fall!

No es así.
nicht (es-)ist so
Das ist nicht so.

No lo creo.
nicht es (ich-)glaube
Das glaube ich nicht.

No puedo aceptar, porque ...
nicht (ich-)kann akzeptieren, weil ...
Ich kann das nicht annehmen, weil ...

sich freuen

¡Qué bueno!
was schön
Wie schön!

¡Qué alegría (verte)!
was Freude (sehen-dich)
Was für eine Freude (dich zu sehen)!

¡Me encanta!
mich (es-)erfreut
Es freut mich!

¡Me gusta muchísimo!
mir (er-/sie-/es-)gefällt viel-sehr
Er/Sie/Es gefällt mir sehr!

¡Qué buena onda!
was schöne Welle
Wie schön!

¡Qué padre!/¡Qué chido!/Padrísmo!
was Vater, wie schön, super
Spitzenmäßig!

überrascht sein

¿De veras? *von Wahrheit*	Wirklich?
¡No me digas! *nicht mir (du-)sagst*	Was du nicht sagst!
¡Increible!	Unglaublich!
¡Chispas!	Oh je! (erschrocken)
¡Híjole!	Ausruf der Überraschung

gleichgültig sein

¿Y qué?
und was
Na und?

A mí, no me importa.
zu mir, nicht mich (es-)ist-wichtig
Interessiert mich nicht.

Me da igual.
mir (es-)gibt gleich
Ist mir gleich.

No le hace.
nicht ihm (es-)macht
Ist mir egal.

Umgangssprachlich ist:

¡Me vale (madre/sombrilla/rábano/camote/gorro)!
mir (es-)ist wert (Mutter/Sonnenschirm/Rettich/Süßkartoffel/Zipfelmütze)
Ist mir scheißegal!

Das erste Gespräch

Die wohl häufigsten Fragen beim Kennenlernen sind die Fragen nach Namen, Alter, Herkunft und Beruf.

¡Hola, güero! **No eres de aquí, ¿verdad?**
hallo, Blonder *nicht bist von hier, Wahrheit*
Hallo, Blonder! Du bist nicht von hier, oder?

No, soy alemán.
nein, (ich-)bin deutsch(m)
Nein, ich bin Deutscher.

¡Ah, alemán! Un primo mío trabaja en Alemania, en Colonia, creo.
ah, deutsch, ein Cousin mein (er-)arbeitet in Deutschland, in Köln, (ich-)glaube
Ah, Deutscher! Mein Cousin arbeitet in Deutschland, ich glaube in Köln.

¿Dónde vives?
wo (du-)wohnst
Wo wohnst du?

Vivo en Alemania / en Berlín.
(ich-)wohne in Deutschland / in Berlin
Ich wohne in Deutschland / in Berlin.

Länder & Nationalitäten

Bélgica	Belgien
belga (m+w)	belgisch; Belgier/-in
Alemania	Deutschland
alemán/alemana (m/w)	deutsch; Deutscher/Deutsche

Holanda	Niederlande
holandés/holandesa (m/w)	niederländisch; Niederländer/-in
Austria	Österreich
austríaco/austríaca (m/w)	österreichisch; Österreicher/-in
Suiza	Schweiz
suizo/suiza (m/w)	schweizerisch; Schweizer/-in

Städte

Bruselas	Brüssel	**Munich**	München
Hamburgo	Hamburg	**Viena**	Wien
Colonia	Köln		

¿Cómo te llamas? **Me llamo Pedro. ¿Y tu?**
wie dich (du-)rufst *mich (ich-)rufe Peter, und du*
Wie heißt du? Ich heiße Peter, und du?

¿Y Usted? **Mi nombre es Juan.**
und Sie *mein Name (er-)ist Juan*
Und Sie? Mein Name ist Juan.

¿Y qué andas haciendo por aquí?
und was (du-)gehst machend für hier
Und was treibst du hier so?

Estoy de vacaciones.
(ich-)bin von Urlaub
Ich mache Urlaub.

¿Ya llevas mucho tiempo acá en México?
schon (du-)trägst viel Zeit hier in Mexiko
Bist du schon lange hier in Mexiko?

Casi siete semanas.
fast sieben Wochen
Fast sieben Wochen.

Desgraciadamente en una semana ya tengo que regresar.
leider in eine Woche schon (ich-)besitze dass zurückkehren
Leider muss ich in einer Woche schon wieder zurück.

¿Te gusta México?
dir (es-)gefällt Mexiko
Gefällt dir Mexiko?

Sí, muchísimo, es un país fascinante.
ja, viel-sehr, (es-)ist ein Land faszinierend
Ja, sehr, es ist ein faszinierendes Land.

¿Estudias o trabajas?
(du-)studierst oder (du-)arbeitest
Studierst du oder arbeitest du?

Estudio biología.
(ich-)studiere Biologie
Ich studiere Biologie.

Studienfächer

arquitectura	Architektur
ingeniería civil	Bauingenieur
biología	Biologie
economía	BWL/VWL
química	Chemie
geografía	Geographie
geología	Geologie
historia	Geschichte
informática	Informatik
derecho	Jura
ingeniería mecánica	Maschinenbau
matemática	Mathematik

medicina	Medizin
música	Musik
pedagogía	Pädagogik
física	Physik
psicología	Psychologie

Y tú, ¿qué haces?	**Yo soy ...**
und du, was (du-)machst	*ich bin ...*
Und du, was machst du?	Ich bin ...

Berufe

empleado/-a (m/w)	Angestellte/-r
farmacéutico/-a (m/w)	Apotheker/-in
obrero/-a (m/w)	Arbeiter/-in
arquitecto/-a (m/w)	Architekt/-in
doctor/-a, médico/-a (m/w)	Arzt/Ärztin
panadero/-a (m/w)	Bäcker/-in
campesino/-a (m/w)	Bauer/Bäuerin
funcionario público	Beamter
cartero/-a (m/w)	Briefträger/-in
electricista (m+w)	Elektriker/-in
pescador/-a (m/w)	Fischer/-in
peluquero/-a (m/w)	Friseur/-in
ama de casa	Hausfrau
ingeniero/-a (m/w)	Ingenieur/-in
periodista (m+w)	Journalist/-in
enfermero/-a (m/w)	Krankenpfleger/ -schwester
profesor/-a, maestro/-a (m/w)	Lehrer/-in
pintor/-a (m/w)	Maler/-in
mecánico/-a (m/w)	Mechaniker/-in
carnicero/-a (m/w)	Metzger/-in
músico/-a (m/w)	Musiker/-in
sacerdote (m), **padre** (m), **cura** (m)	Pfarrer
policía (m+w)	Polizist/-in
abogado/-a (m/w)	Rechtsanwalt/-in

pensionado/-a (m/w)	Rentner/-in
actor/actriz (m/w)	Schauspieler/-in
sastre (m+w)	Schneider/-in
escritor/-a (m/w)	Schriftsteller/-in
zapatero/-a (m/w)	Schuhmacher/-in
alumno/-a (m/w)	Schüler/-in
estudiante (m+w)	Student/-in

¿Cuántos años tienes?	**Tengo treinta años.**
wieviele Jahre besitzt	*besitze dreißig Jahre*
Wie alt bist du?	Ich bin 30 Jahre alt.

Das Wetter

Das Wetter ist wie überall ein beliebtes Konversationsthema. Es wird mit hace (es macht) und dem jeweiligen Hauptwort, z. B. calor (Wärme), umschrieben:

„Nieselregen" heißt in der mexikanischen Umgangssprache sehr lautmalerisch chipi-chipi *(m).*

Hace calor. *(es-)macht Wärme*	Es ist warm.
Hace frío. *(es-)macht Kälte*	Es ist kalt.
Hace viento. *(es-)macht Wind*	Es ist windig.
Hace buen/mal tiempo. *(es-)macht gutes/schlechtes Wetter*	Das Wetter ist gut/schlecht.
Hace veinticinco grados. *(es-)macht zwanzig-fünf Grade*	Es sind 25 Grad.

Zu Gast sein

Bei privaten Treffen verabredet man sich meist in einem Café o. ä. Eine Einladung nach Hause – meist zum Abendessen – ist bereits ein großes Zeichen der Verbundenheit.

¡Pasa/pase (adelante)!
vorbeigeh!/(er-/sie-)vorbeigehe! (vorwärts)
Tritt/Treten Sie doch ein!

Esta es su casa.
diese (es-)ist sein/ihr Haus
Fühlen Sie sich wie zu Hause!

¡Toma/tome asiento, por favor!
nimm!/(er-/sie-)nehme! Sitzplatz, bitte
Nimm/Nehmen Sie doch bitte Platz!

¡Siéntate/siéntese, por favor!
setz!-dich/(er-/sie-)setze!-sich, bitte
Setz dich/setzen Sie sich doch, bitte!

¡Buen provecho!
guten Nutzen
Guten Appetit!

¡Sírvete/sírvase!
servier!-dir/(er-/sie-)serviere!-sich
Nimm dir/nehmen Sie sich doch!

Está muy rica la comida.
(es-)ist sehr reich die Mahlzeit
Das Essen ist sehr lecker.

¿Te/Le sirvo más?
dir/ihm (ich-)serviere mehr
Darf ich dir/Ihnen noch etwas geben?

¡Qué rico!
was reich
Wie lecker!

Sí, gracias, un poquito más de los frijoles, por favor.
ja, danke, ein bisschen mehr von die Bohnen, bitte
Ja gerne, noch etwas mehr Bohnen bitte.

No, gracias, está riquísimo pero ya estoy satisfecho/satisfecha.
nein, danke, (es-)ist sehr-reich aber schon (ich-)bin befriedigt(m/w)
Nein danke, es ist sehr lecker, aber ich bin wirklich schon satt.

¿Me pasas/pasa las papas, por favor?
mir reichst/(er-/sie-)reicht die Kartoffeln, bitte
Reichst du/reichen Sie mir bitte mal die Kartoffeln?

Familie

¿Tienes/tiene hermanos/niños?
(du-)besitzt/(er-/sie-)besitzt Geschwister/Kinder
Hast du/haben Sie Geschwister/Kinder?

Sí, una hija.
ja, eine Tochter
Ja, eine Tochter.

¿Estás casado/casada?
(du-)bist/(er-/sie-)ist verheiratet(m/w)
Bist du verheiratet?

divorciado	geschieden	**casado**	verheiratet
soltero	ledig	**viudo**	verwitwet

Aquí tengo unas fotos.
hier (ich-)besitze einige Fotos
Ich habe Fotos dabei.

Este/esta es ...
dieser(m/w) ist ...
Das ist ...

Estos/estas son ...
diese(m/w) sind ...
Das sind ...

amigo	Freund	**amiga**	Freundin
novio	fester Freund, Verlobter	**novia**	feste Freundin, Verlobte
marido	Ehemann	**esposa**	Ehefrau
papá, padre	Vater	**mamá, madre**	Mutter
abuelo	Großvater	**abuela**	Großmutter
hermano	Bruder	**hermana**	Schwester
hijo	Sohn	**hija**	Tochter
nieto	Enkel	**nieta**	Enkelin
tío	Onkel	**tía**	Tante
sobrino	Neffe	**sobrina**	Nichte
primo	Cousin	**prima**	Cousine
cuñado	Schwager	**cuñada**	Schwägerin
suegro	Schwiegervater	**suegra**	Schwiegermutter

In der Mehrzahl werden (wie sonst auch) die männlichen Formen benutzt: padres *(Eltern),* abuelos *(Großeltern),* hermanos *(Geschwister) usw.*

Für „Freund, Kumpel" gibt es außer amigo viele umgangssprachliche Ausdrücke: compa (m; von compadre), mano (von hermano „Bruder"), manito, cuate (m), valedor (Beschützer), carnal (Blutsverwandter). Und wenn Mexikaner von ihrer jefa (Chefin) sprechen, meinen sie meist ihre Mutter.

Liebesgeflüster und mehr ...

Ein heißes Thema ..., aber nicht alle hier vorgestellten Ausdrücke sind zum Eigengebrauch empfohlen.

amor Liebe
amar, querer lieben
amasiato wilde Ehe (umgangsspr.)
enamorarse sich verlieben
ligar, cachondear aufreißen, anbaggern (vulgär)
extrañar, echar de menos vermissen (jem.)
cariño Zärtlichkeit
cariñoso zärtlich
abrazo Umarmung
abrazar umarmen
apapachos (Mz) Zärtlichkeiten
apapachar liebkosen
beso Kuss

besar küssen
anticonceptivo Verhütungsmittel
píldora (die) Pille
condón, preservativo Kondom
espiral Spirale
estar embarazada schwanger sein
test (m) **de embarazo** Schwangerschaftstest
aborto Abtreibung
violación Vergewaltigung
violar vergewaltigen
menstruación, regla Menstruation
homosexual Homosexueller; homosexuell

joto, puto, maricón, mariquita (m), **chayote** (m) Schwuler; schwul (sehr beleidigend)
lesbiana Lesbe, lesbisch
SIDA AIDS
chulo, padrote (m) Zuhälter (chulo als Eigenschaftswort heißt „hübsch“)
prostitución Prostitution
prostituta Prostituierte
puta, piruja Nutte
burdel Bordell

Quiero hacer el amor contigo.
(ich-)will machen die Liebe mit-dir
Ich will mit dir schlafen.

¿Estás tomando la píldora?
(du-)bist nehmend die Pille
Nimmst du die Pille?

Te quiero.
dich (ich-)will
Ich liebe dich.

No quiero.
nicht (ich-)will
Ich will nicht.

Tengo mi regla.
(ich-)besitze meine Regel
Ich habe meine Tage.

hacer el amor *(machen die Liebe),* **acostarse con ...** *(ins-Bett-gehen mit),* **coger*** *(nehmen),* **joder*** *(ficken),* **zumbarse a alguién*** *(brummen-sich zu jem.),* **soplarse a alguién*** *(blasen-sich zu jem.),*	miteinander schlafen
pene (m), **pito*** *(Pfeife),* **verga*** *(Rute),* **palo*** *(Stock)*	Penis
vagina, pepa* *(Kern),* **yoyo*, chocho*, papaya***	Vagina
pecho(s), chiche*, tetas* *(Euter)*	Busen

*Für „miteinander schlafen" sowie für die Geschlechtsteile gibt es – wie wohl in jeder Sprache – eine Vielzahl von poetischen, nüchternen und vulgären Ausdrücken, wobei die letzteren (mit * gekennzeichnet) eindeutig überwiegen.*

¡Déjeme en paz!
(er-)lasse!-mich in Frieden
Lassen Sie mich in Frieden!

¡Déjame tranquila!
lass!-mich ruhig(w)
Lass mich in Ruhe! (sagt eine Frau)

Unterwegs

Auch in dem 20-Millionen-Koloss Mexiko-Stadt ist Orientierung möglich. Wie in den meisten kolonialen Städten ist das Straßennetz schachbrettartig angelegt, die dadurch entstandenen Häuserblöcke heißen cuadras.

in der Stadt

Bei Adressenangaben sollte man sich immer auch nach der colonia *(Stadtteil) erkundigen, zumal viele Straßennamen mehrfach vorhanden sind. Der zentrale Treffpunkt in mexikanischen Städten heißt überall* zócalo. *In Mexiko-Stadt z. B. wird man kaum verstanden, wenn man den offiziellen Namen benutzt und statt nach dem* zócalo *nach der* Plaza de la Constitución *(Platz der Verfassung) fragt.*

Disculpe, ¿dónde queda la calle ...?
(er-/sie-)entschuldige, wo (es-)bleibt die Straße ...
Entschuldigen Sie, wo ist die Straße ...

¿Dónde está ...?
wo ist ...
Wo ist ...?

¿Podría mostrarmelo en el mapa, por favor?
(er-/sie-)könnte zeigen-mir-es in die Karte, bitte
Könnten Sie es mir bitte auf der Karte zeigen?

¿Cuánto falta para ...?
wieviel (es-)fehlt für ...
Wie weit ist es bis ...?

¡Sigue!/¡Siga!
Geh weiter!/Gehen Sie weiter!

Queda muy cerquita.
(es-)bleibt sehr nah-chen
Es ist ganz in der Nähe.

Está aquí a la vuelta.
(es-)ist hier zu die Drehung
Es ist gleich hier um die Ecke.

Es la tercera calle a la izquierda después del cruce grande.
(es-)ist die dritte Straße links nach von-die Kreuzung groß
Es ist die dritte Straße links nach der großen Kreuzung.

a la izquierda (nach) links
a la derecha (nach) rechts
derecho, recto geradeaus
atrás zurück
enfrente gegenüber
al lado de neben
delante de vor
detrás de hinter
lejos weit
cerca, cercana nah
acá, aquí hier
allá, allí dort
por acá hierher
por allá dorthin
fuera de la ciudad außerhalb der Stadt

en el centro im Zentrum
calle (w) Straße
malecón Uferpromenade
semáforo Ampel
cruce (m), **crucero** Kreuzung
esquina Ecke
plaza Platz
cuadra Häuserblock
colonia Stadtviertel
en dirección in Richtung
colonia popular Slum
zócalo zentraler Platz
ciudad perdida Slum

Está lejitos, a unos quince cuadras de aquí.
(es-)ist weit-chen, zu einige 15 Blöcke von hier
Es ist ziemlich weit, ungefähr fünfzehn Straßen von hier.

Wenn Mexikaner von ihrer Hauptstadt sprechen, sagen sie übrigens nie „Mexico-City" oder Ciudad de México, *wie die entsprechende spanische Bezeichnung lautet, sondern meist* el D. F., *was „de-effe" ausgesprochen wird und* Distrito Federal *(Bundesdistrikt) bedeutet.*

mit Bus & Metro

Busse mit geraden Nummern verkehren in Ost-West-Richtung, die mit ungeraden Nummern in Nord-Süd-Richtung. In der U-Bahn ist das Fotografieren verboten! Besonders in den Stoßzeiten (also eigentlich immer) muss man sich vor Taschendieben und ihren diversen Tricks und Ablenkungsmanövern in Acht nehmen.

Die moderne Metro ist das schnellste Verkehrsmittel in Mexiko-Stadt. U-Bahn- und Busfahren ist für unsere Verhältnisse sehr preiswert, noch billiger wird's mit einem 2 Wochen gültigen abono, man muss dann allerdings in den Metrostationen spezielle Eingänge benutzen.

Por favor, ¿dónde pasa un camión que va al centro?
bitte, wo (er-)kommt-vorbei ein Bus welcher (er-)geht zum Zentrum
Entschuldigung, wo fährt ein Bus Richtung Zentrum?

¿Cuántas paradas faltan hasta ...?
wieviele(w) Haltestellen (sie-)fehlen bis ...
Wie viele Stationen sind es noch bis ...?

entrada - salida	Eingang - Ausgang
subir - bajar	einsteigen - aussteigen
subida - bajada	Einstieg - Ausstieg (Bus)
parar	stoppen
andén	Bahnsteig/Bussteig
camión, autobús (m)	Bus
boleto	Fahrkarte
abono	2-Wochen-Karte
estación de metro	U-Bahn-Haltestelle
parada	Bushaltestelle
terminal - línea	Endhaltestelle - Linie
de paso *(von Durchfahrt)*	auf der Durchfahrt
central camionera	Busbahnhof

¿Usted pasa por el zócalo?
Sie (er-/sie-)fährt-vorbei für der Zócalo
Fahren Sie am Zócalo vorbei?

¡Déme diez boletos, por favor!
(er-/sie-)gebe!-mir zehn Fahrkarten, bitte
Geben Sie mir zehn Fahrkarten, bitte!

Busse sind in Mexiko auch die gebräuchlichsten Verkehrsmittel, um von Ort zu Ort zu gelangen. In den meisten Städten gibt es inzwischen zentrale Busbahnhöfe (central camionera), in der Hauptstadt sogar einen für jede Himmelsrichtung (central del norte etc., der Richtung Osten ist besser bekannt als la Tapo).

¿Cuándo sale el próximo camión a Guadalajara?
wann (er-)abfährt der nächste Bus zu Guadalajara
Wann fährt der nächste Bus nach Guadalajara?

¿De qué andén sale?
von was Bahnsteig (er-)abfährt
Von welchem Bussteig fährt er?

Zwischen den großen Städten verkehren schnelle und komfortable Überlandbusse (camiones de primera), *für die man Plätze reservieren kann und sollte. In den langsameren und meist älteren Regionalbussen der 2. und 3. Klasse werden dagegen regelmäßig mehr Karten verkauft als es Sitzplätze gibt. Wegen der großen Anzahl mitreisender Haustiere nennt man diese Busse auch zärtlich* guajoloteros *(von* guajolote = *Truthahn).*

mit dem Taxi

Taxifahren ist für unsere Verhältnisse sehr preiswert. Es gibt verschiedene Arten von Taxis. Am zahlreichsten und billigsten sind die gelben Straßentaxis, die überall herangewunken werden können. Entweder sollte man im Voraus einen Preis aushandeln oder

Die so genannten peseros, *hellgrüne oder weiße Kleinbusse, pendeln auf festgelegten Routen (aber ohne feste Haltestellen). Der Fahrpreis richtet sich nach einem Zonensystem und ist etwas höher als in den Stadtbussen. Wenn keine Klingel vorhanden ist, gibt man dem Fahrer durch ein lautes* ¡Bajan! *zu verstehen, dass man aussteigen möchte.*

sich vergewissern, dass das Taxameter angeschaltet und auf Null gesetzt wird (was normalerweise günstiger ist).

¿Cuánto me cobra para el zócalo?
wieviel mich (er-/sie-)verlangt für der Zócalo
Wie viel kostet es bis zum Zócalo?

Es muy caro.
(es-)ist sehr teuer
Das ist zu teuer.

Le doy ...
Ihm (ich-)gebe ...
Ich gebe Ihnen ...

¿Podría prender el taxímetro? por favor.
(er-)könnte einschalten das Taxameter, bitte
Würden Sie bitte das Taxameter einschalten?

¡Pare aquí, por favor!
(er-)stoppe! hier, bitte
Halten Sie bitte hier!

¡En la esquina, por fav.!
in die Ecke, bitte
An der Ecke, bitte!

Aquí me quedo.
hier mich (ich-)bleibe
Hier steige ich aus.

mit dem Zug

estación de ferrocarril *Station von Eisenbahn*	Bahnhof
tren, ferrocarril	Zug, Eisenbahn
vagón	Waggon
vagón fumador	Raucher
vagón no fumador	Nichtraucher
carro comedor *Wagen Esszimmer*	Speisewagen

carro dormitorio *Wagen Schlafzimmer*	Schlafwagen
camarín	Schlafabteil mit Bad
pasaje (m), **boleto**	Ticket
ida y vuelta	Hinfahrt u. Rückfahrt
primera/segunda clase	erste/zweite Klasse
viaje (m)	Reise
horario	Fahrplan
salida	Abfahrt, Abreise
llegada	Ankunft
salir, partir – llegar	abreisen – ankommen
andén	Bahnsteig
maleta – mochila	Koffer – Rucksack
asiento	Sitzplatz
pasillo	Gang zw. den Sitzreihen

Die wenigen Eisenbahnen Mexikos sind noch billiger, aber auch deutlich langsamer als die Busse. Stundenlange Verspätungen müssen einkalkuliert werden.

Un boleto de segunda clase a Puebla, ida y vuelta, por favor.
eine Fahrkarte von zweite Klasse zu Puebla, Hinfahrt und Rückfahrt, bitte
Eine Fahrkarte zweiter Klasse, hin und zurück nach Puebla, bitte.

mit dem Flugzeug

vuelo (nacional/ internacional)	(Inlands-/internationaler) Flug
avión	Flugzeug
equipaje (m) **de mano** *Gepäck von Hand*	Handgepäck
despegar	starten
aterrizar	landen
salida de emergencia *Ausgang von Notfall*	Notausgang
aeromoza, azafata	Stewardess

In dem Riesenland Mexiko kann ab und zu auch ein Flug in Betracht kommen. Die Preise sind im internationalen Vergleich sehr günstig.

¿Todavía hay lugares en la ventanilla?
noch es-gibt Plätze in das Fenster
Gibt es noch Fensterplätze?

El vuelo está cancelado.
Der Flug ist gestrichen.

mit dem Auto

LKWs, die auf freier Strecke links blinken, deuten damit an, dass sie überholt werden können. Rechts blinken dagegen bedeutet „nicht überholen“ – also anders, als wir es gewohnt sind.

Um Mexiko per Auto zu erkunden, kauft man sich am besten vor Ort einen Wagen und verkauft es vor der Rückreise wieder, was wahrscheinlich gerade für einen längeren Aufenthalt die klügste Variante ist. Mietwagen bekommt man in allen größeren Städten, sofern man 25 Jahre alt ist und eine Kreditkarte besitzt. Ein internationaler Führerschein ist empfehlenswert, ebenso eine Haftpflichtversicherung (beides keine Vorschrift).

coche (m), **carro, auto**	Auto
camioneta	Pick-up
remolque (m)	Anhänger
autopista	Autobahn
salida	Ausfahrt
carretera	Landstraße
cuota	Straßenbenutzungsgebühr
tarjeta de crédito	Kreditkarte
manejar, conducir	(Auto) fahren
doblar (a la izquierda/ derecha)	(nach links/rechts) abbiegen
frenar – dar la vuelta	bremsen – wenden
semáforo	Ampel

cruce (m), **crucero**	Kreuzung
mal estacionado	falsch geparkt
placa	Nummernschild
licencia (de conducir)	Führerschein

Falschparker müssen oft feststellen, dass ihnen die Nummernschilder abgeschraubt worden sind. Um den Gang zur Polizei kommt man dann nicht herum.

¿Dónde puedo rentar un coche?
wo (ich-)kann mieten ein Wagen
Wo kann ich ein Auto mieten?

¿A cuántos kilómetros está ...?
zu wieviele Kilometer (es-)ist ...
Wie viele Kilometer sind es bis ...?

¿El seguro ya está incluido en el precio?
die Versicherung schon ist enthalten in der Preis
Ist die Versicherung schon im Preis enthalten?

tanken

Im Erdölförderland Mexiko ist Benzin für unsere Verhältnisse sehr billig. Es gibt nur eine Marke (PEMEX) und Einheitspreise, seitdem die Erdölindustrie 1938 von Lázaro Cárdenas verstaatlicht wurde.

An den Hauptverkehrsstraßen gibt es genug Tankstellen. Lediglich unverbleites Benzin und solches mit hoher Oktanzahl ist manchmal schwer zu bekommen.

gasolinera	Tankstelle
gasolina (normal/extra)	Benzin (Normal/Super)
diesel	Diesel
sin plomo	bleifrei
aceite (m)	Öl
(el) agua de radiador	Kühlwasser
cambio de aceite	Ölwechsel
presión (w) **de las llantas**	Reifendruck
nivel del aceite	Ölstand

Übrigens: Der VW Käfer, der ja auch in Mexiko hergestellt wird, wird von den Mexikanern meist bocho *oder auch* pelguita *(Flöhchen) genannt.*

Lleno, por favor.
voll, bitte
Voll, bitte.

¿Está bien la presión de las llantas?
(er-)ist gut der Druck von die Reifen
Ist der Reifendruck in Ordnung?

¿Podría hacerme un cambio de aceite, por fav.?
(er-)könnte machen-mir ein Wechsel von Öl, bitte
Könnten Sie bitte einen Ölwechsel machen?

Unfall/Panne

Immer etwas Werkzeug und die wichtigsten Ersatzteile dabeihaben!

accidente (m)	Unfall
descompostura	Panne
talachería	Reifendienst
taller	Werkstatt
grúa	Abschleppwagen
pieza de repuesto	Ersatzteil
arreglar; cambiar	reparieren; auswechseln
remolcar	abschleppen
ajustar; revisar	einstellen; überprüfen
cargar la batería	die Batterie aufladen

¿Me podría remolcar, por favor?
mich (er-/sie-)könnte abschleppen, bitte
Könnten Sie mich bitte abschleppen?

El carro no arranca.
der Wagen nicht (er-)anspringt
Der Wagen springt nicht an.

Los frenos no funcionan bien.
die Bremsen nicht (sie-)funktionieren gut
Die Bremsen funktionieren nicht gut.

Sale aceite del motor.
(es-)verlässt Öl vom Motor
Der Motor verliert Öl.

arranque (m)	Anlasser
escape (m)	Auspuff
batería	Batterie
freno	Bremse
caja de velocidades	Getriebe
claxon	Hupe
radiador	Kühler
filtro de aire/aceite	Luft-/Ölfilter
motor	Motor
tuerca	Mutter
bomba (de agua/ de gasolina)	(Wasser-/Benzin-) Pumpe
rueda	Rad
neumático, llanta	Reifen
faro	Scheinwerfer
tornillo	Schraube
cinturón de seguridad	Sicherheitsgurt
válvula	Ventil
carburador	Vergaser
parabrisas (m,Mz)	Windschutzscheibe
bujía	Zündkerze
lima	Feile
martillo	Hammer
trapo	Lappen
llave (w) **de tuercas**	Schraubenschlüssel
destornillador	Schraubenzieher
gato	Wagenheber
herramienta	Werkzeug
alicate (m)	Zange

Einen Unfall sollte man möglichst ohne „Hilfe" der Polizei regeln. Die Gefahr, bis zur Klärung des Sachverhalts im Gefängnis zu landen, ist groß (selbst wenn man unschuldig und versichert ist).

Auf dem Lande

Drei Gebirgsketten, karge Hochebenen, tropisches Tiefland und Regenwälder, trockene Steppen und Sandwüsten, gewaltige Vulkane und über 9000 km Küste: Mexikos Landschaft ist extrem abwechslungsreich, und manche Tiere und Pflanzen gibt es nur hier. Leider sind zahlreiche Arten vom Aussterben bedroht.

norte (m)	Norden	**sur**	Süden
oriente (m)	Osten	**poniente** (m)	Westen

Landschaft

cerro, monte (m) Berg	**lago** See
bahía Bucht	**playa** Strand
finca, hacienda Farm	**carretera** Straße, asphaltiert
campo Feld, Land	**valle** (m) Tal
río Fluss	**rancho** Viehfarm, große
vereda Fußweg	**volcán** Vulkan
sierra Gebirgszug	**camino** Weg (allgemein), unbefestigte Straße
cumbre (m) Gipfel	**cenote** (m) Quellbecken auf Yucatán
cueva Höhle	
isla Insel	
cafetal Kaffeeplantage	
costa Küste	
mar Meer	

Pflanzen

Die Zypresse ist der Nationalbaum Mexikos.

agave (m) Agave	**bosque** (m) Wald
ahuehuete (m) Zypresse	**ceiba** Ceibabaum
amate (m) mexikanischer Feigenbaum	**huizache** (m) Akazienart
árbol Baum (allg.)	**maguey** (m) Agave

mala mujer hoher Strauch, der einen ätzenden Saft absondert	**ocote** (m), **pino** sehr verbreitete Kiefernart
maleza Gestrüppwald	**peyote** (m) meskalinhaltiger Kaktus
manglar Mangrovensumpf	**selva** Urwald
mangle (m) Mangrove	**zapote** (m) Breiapfelbaum, aus dem chicle (Kaugummi) gewonnen wird
nopal Nopalkaktus	

Aus der Agave maguey *wird der Schnaps* mezcal *gewonnen.*

Tiere

Säugetiere

mono Affe	**buey** (m) Ochse
burro Esel	**tlacuache** (m) Opossum
toche (m), **armadillo** Gürteltier	**ocelote** (m) Ozelot
liebre (w) Hase	**caballo** Pferd
perro Hund	**borrego, oveja** Schaf
xoloscuintle (m) mexikan. Hund	**cerdo, puerco, cochino** Schwein
tigre (m) Jaguar	**toro** Stier
conejo Kaninchen	**zorillo** Stinktier
gato Katze	**mapache** (m) Waschbär
coyote (m) Kojote	**jabalí** (m) Wildschwein
vaca Kuh	**cabra, chivo** Ziege
mula Maultier	
tejón Nasenbär	

Vögel

zopilote (m) Aasgeier	**gallina** Huhn
(el) águila (w) (der) Adler	**cenzontle** (m) Spottdrossel
pato Ente	**guajolote** (m), **totol** Truthahn
tecolote (m) Eule	**pájaro** Vogel
gallo Hahn	

Der quetzal, *ein fast ausgestorbener Tropenvogel, ist der Nationalvogel Guatemalas.*

Fische/Reptilien

pez (m) Fisch	**corallillo** Korallenschlange (sehr giftig!)
tiburón Hai	**escorpión** Krustenechse (giftig!)
trucha Forelle	**iguana** Leguan
huachinango Rotbarsch	**tortuga** Schildkröte
lagarto, caimán Alligator	**serpiente** (w), **culebra** Schlange
lagartija Eidechse	**cuatronarizes** (w) Schlangenart (sehr giftig!)
cachorra Gecko	**mazacuate** (w) Würgeschlange
víbora Giftschlange	
cascabel (w) Klapperschlange	

Insekten, Käfer, Würmer

hormiga Ameise	**capulina** giftige, kirschengroße, schwarzglänzende Spinne
mosca Fliege	**zancudo** Stechmücke
pulga Floh	**tarántula** Vogelspinne
cucaracha Kakerlake	**chapulín, saltamontes** (m) Wanderheuschrecke
piojo Laus	**chinche** (w) Wanze
cocuyo, luciérnaga Leuchtkäfer	**avispa, jicote** (m) Wespe
libélula, tibiriche (m) Libelle	**gusano** Wurm
mosquito Mücke	**garrapata** Zecke
mariposa Schmetterling	
alacrán Skorpion	
araña Spinne	

Die mexikanische Landreform

¡Tierra y libertad! (Boden und Freiheit!) lautete während der mexikanischen Revolution die Hauptforderung der von Pancho Villa und Emiliano Zapato angeführten aufständischen Bauern. Die

Verfassung von 1917 sah dann auch tatsächlich die Durchführung einer Landreform vor. Aber erst in den dreißiger Jahren, unter Präsident Lázaro Cárdenas, wurde in größerem Umfang Agrarland enteignet und als so genannte ejidos an Gemeinden und besitzlose Bauern verteilt. Es handelt sich teilweise um gutes Bewässerungsland, das entweder genossenschaftlich genutzt (ejidos colectivos) oder von einzelnen Kleinbauern – mit lebenslang vererbbarem Nutzungsrecht – bestellt wird (ejidos particulares). Eigentümer bleibt in beiden Fällen der Staat. Doch bis heute blieb die Landreform unvollständig und ungerecht, vor allem im Süden haben sich die Verhältnisse seit der Kolonialzeit nur wenig geändert. Noch immer sind Millionen besitzloser Tagelöhner darauf angewiesen, auf Großplantagen und -farmen schlecht bezahlte Arbeit zu finden, immer wieder gibt es gewaltsame Auseinandersetzungen mit den von den Großgrundbesitzern angeheuerten paramilitärischen guardias blancas (weiße Wächter). Der am Neujahrstag 1994 begonnene Bauernaufstand in dem Bundesstaat Chiapas ist eine Etappe in diesem Konflikt.

campesino	Bauer
peón	Tagelöhner
ejido	zur landwirtschaftlichen Nutzung übertragenes Staatsland
ejidatario	Ejido-Bauer
latifundista (m)	Großgrundbesitzer
coyote (m)	ausbeuterischer Zwischenhändler in der Landwirtschaft
milpa – milpero	Maisfeld – Maisbauer
pizca, cosecha	Ernte

Unterkunft

Das eigene Moskitonetz sollte man für alle Fälle immer dabeihaben.

hotel	Hotel
casa de huéspedes	Pension
cabaña	(Strand-)Hütte
tienda de campaña	Zelt
cuarto sencillo	Einzelzimmer
cuarto doble	Doppelzimmer
baño	Dusche und WC
regadera, ducha	Dusche
cama (matrimonial)	(Doppel-)Bett
elevador	Fahrstuhl
planta baja, Abk. **PB**	Erdgeschoss
patio	Innenhof
aire acondicionado	Klimaanlage
toalla	Handtuch
jabón	Seife
mosquitero, pabellón	Moskitonetz
llave (w)	Schlüssel

¿Hay un hotel por aquí cerca?
es-gibt ein Hotel für hier nah
Gibt es hier in der Nähe ein Hotel?

Necesitamos un cuarto con baño por tres noches.
Wir brauchen ein Zimmer mit Bad für drei Nächte.

¿Le queda un cuarto libre?
Ihnen (es-)bleibt ein Zimmer frei
Haben Sie noch ein Zimmer?

(oder:) **¿Tiene un cuarto libre?**
(er-/sie-)besitzt ein Zimmer frei
Haben Sie noch ein Zimmer?

¿Puedo verlo?
(ich-)kann sehen-es
Kann ich es mir ansehen?

¿Hay agua caliente?
es-gibt Wasser warm
Gibt es warmes Wasser?

Me gusta el cuarto.
mir (es-)gefällt das Zimmer
Mir gefällt das Zimmer.

Me quedo con él.
mich (ich-)bleibe mit es
Ich nehme es.

Me gustaría más un cuarto que da al patio.
mir (es-)würde-gefallen mehr ein Zimmer das (es-)gibt zum Hof
Ich hätte lieber ein Zimmer zum Hof.

¿Podemos quedarnos una noche más?
(wir-)können bleiben-uns eine Nacht mehr
Können wir noch eine Nacht länger bleiben?

Essen & Trinken

In dem jahrhundertelangen Vermischungsprozess indianischer und spanischer Kulturen bildete sich in Mexiko eine eigenständige, originelle und abwechslungsreiche Küche heraus, die zudem große regionale Unterschiede zeigt. Das allgegenwärtige „Brot“ der Mexikaner ist die **tortilla,** ein dünner Maismehlfladen, der praktisch zu jeder Mahlzeit serviert wird.

Im Norden gibt es die Tortilla auch aus Weizenmehl: tortillas de harina.

mexikanische Spezialitäten

antojitos	alle Arten von Vorspeisen
barbacoa	gebackenes Ziegenfleisch in einer speziellen Soße (Jalisco)
birria	Eintopf mit Ziegenfleisch (Nordmexiko)
burritas	mit Rindfleisch und Kartoffeln oder Bohnen gefüllte tortillas (Nordmexiko)
ceviche (m)	kaltes Gericht aus rohem Fisch, Zitronensaft, Zwiebeln, Chili und Koriander
chicharrón	frittierte Schweineschwarte
chilaquiles (m)	klein geschnittene tortillas in einer pikanten Käse-Sahne-Soße
chile relleno	milde, grüne Chilischote mit Füllung
chiles en nogada	große, mit Hackfleisch gefüllte Chilis in Nuss-sauce
chiles en escabeche	Chilis eingelegt in eine Essig-Öl-Sauce mit Gemüse, Gewürzen, Knoblauch und Zwiebeln (Veracruz)
enchiladas	gefüllte, zusammengefaltete tortillas mit scharfer Chilisauce
frijoles charros	deftiger Eintopf mit braunen Bohnen und Speck (Nordmexiko)
frijoles refritos	gekochte und nochmals aufgebratene schwarze Bohnen
guacamole (m)	Püree aus Avocados, Chilis, Zwiebeln, Koriander
mole poblano	dunkle Soße aus Nüssen, Kakao, verschiedenen Chilisorten und Gewürzen (Puebla)
papatzules (m)	mit Ei gefüllte tortillas (Yucatán)
pollo pibil	in Bananenblättern geschmortes Huhn (Yucatán)
pozole (m)	Eintopf aus einer speziellen Maissorte und Huhn oder Schwein (Zentralmexiko)
quesadillas	zusammengefaltete, mit Käse gefüllte tortillas
quesadillas de huitlacoche	mit auf Mais wachsenden schwarzen Pilzen gefüllte quesadillas
tacos	frittierte und aufgerollte tortillas mit Füllung

Maispastete mit unterschiedlichen Zutaten, in Mais- od. Bananenblätter gewickelt und gekocht	**tamales** (m)
geröstete, meist mit Fleisch und Bohnen belegte tortillas	**tostadas**

im Restaurant

In Mexiko wird ausgiebig zu Mittag gegessen, gewöhnlich so zwischen 14 und 16 Uhr. Die meisten Restaurants bieten um diese Zeit ein preiswertes Menü (comida corriente) an, das aus mehreren Gängen inkl. Nachtisch besteht.

Das Abendessen ist in der Regel nicht so umfangreich. Oft kann es schwierig werden, sehr spät noch etwas zu essen zu bekommen. Das übliche Trinkgeld (propina) *beträgt 10-15% und wird auf dem Tisch liegen gelassen.*

taquería einfaches Restaurant (v. a. Tacos)	**carta** Speisekarte
restaurante (vegetariano) Restaurant (vegetarisches)	**cubierto** Gedeck
comida Essen	**plato** Teller
desayuno Frühstück	**vaso** Glas
almuerzo Mittagessen	**copa** Weinglas
cena, merienda Abendessen	**taza** Tasse
	cuchillo Messer
	cuchara Löffel
	tenedor Gabel
	servilleta Serviette

¡Señor/Señora, por favor!
Herr/Frau, bitte
Ober/Fräulein, bitte!

¿Está ocupada/libre esta mesa/silla?
(er-)ist besetzt/frei dieser Tisch/Stuhl
Ist dieser Tisch/Stuhl besetzt/frei?

¡Quisiera reservar una mesa para las siete!
würde-wollen reservieren ein Tisch für die sieben
Ich würde gerne einen Tisch für 7 Uhr reservieren!

bestellen

¡La carta, por favor!
die Karte, bitte
Die Speisekarte, bitte!

¿Qué hay como comida corrida?
was es-gibt als Mittagstisch
Was gibt es zum Mittag?

¿Qué nos recomienda?
was uns (er-/sie-)empfiehlt
Was empfehlen Sie uns?

¿Es muy picante?
(es-)ist sehr scharf
Ist es scharf?

¡Por favor, falta un cuchillo!
bitte, (er-)fehlt ein Messer
Entschuldigung, es fehlt ein Messer!

¡Buen provecho!
guter Nutzen
Guten Appetit!

bezahlen

¡La cuenta, por favor! / **¡La nota, por favor!**
Die Rechnung, bitte!

¡Pagamos por separado, por favor!
(wir-)zahlen für getrennt, bitte
Wir zahlen getrennt, bitte.

¡Pago todo junto, por favor!
(ich-)zahle alles zusammen, bitte
Ich zahle zusammen, bitte!

¡Me parece que aquí hay un error!
mir (es-)erscheint, dass hier es-gibt ein Fehler
Ich glaube, hier stimmt was nicht! (Rechnung)

¡Eso no lo he pedido!
das nicht das (ich-)habe bestellt
Das habe ich nicht bestellt!

¡Está bien!
(es-)ist gut
Stimmt so! (Trinkgeld)

aus der Speisekarte

caldo Brühe	**huevo, blanquillo** Ei
sopa aguada „flüssige Suppe" (z. B. Brühe)	**torta de huevos** Omelett
sopa seca „trockene Suppe" (z. B. Bohnen, Spaghetti)	**ensalada** Salat
sopa de fideos Nudelsuppe	**plato fuerte** Hauptgericht
sopa de lentejas Linsensuppe	**asado** gegrillt
	cocido gekocht
	frito frittiert

Fleisch

bistec (m) Beefsteak	**carne de ternera** Kalbfleisch
carne (w) Fleisch	**chuleta** Kotelett
carne de carnero Lammfleisch	**guajolote** (m) Truthahn
carne de cerdo, carne de puerco Schweinefleisch	**guisado** Schmorbraten
carne de res Rindfleisch	**milanesa** Schnitzel
	pato Ente
	pollo Huhn

Fisch

almeja Miesmuschel	**mariscos** Muscheln
atún Tunfisch	**merluza** Kabeljau
camarón Garnele	**mojarra** Speisefisch
huachinango Rotbarsch	**ostión** große Auster
jaiba Krebs	**pescado** Fisch
langosta Languste	**róbalo** Wolfsbarsch
lenguado Seezunge	**trucha** Forelle

Gemüse

Apropos chile *(Chilischoten):* enchilarse *bedeutet in der Umgangssprache so viel wie „wütend werden, sich aufregen".*

ahuacate (m) Avocado	**frijoles** (m) dunkle Bohnen
ajo Knoblauch	**garbanzos** (Mz) Kichererbsen
arroz (m) Reis	**jítomate** (m) Tomate
camote (m) Süßkartoffel	**maíz** (m) Mais
cebolla Zwiebel	**papas** (Mz) Kartoffeln
chícharos (Mz) Erbsen	**papas fritas** (Mz) Pommes frites
coliflor (w) Blumenkohl	**tomate** (m) grüne Tomate
ejotes (m Mz) grüne Bohnen	**verduras** (Mz) Gemüse

Nachtisch

ate (m) Fruchtgelee, meist aus Quitten	**flan** Karamelpudding
cajeta, dulce (m) **de leche** Karamelcreme, extrasüß	**helado** Speiseeis
ensalada de fruta Obstsalat	**pastel** Törtchen
	postre (m) Nachtisch
	queso Käse

Gewürze

aceite (m) Öl	**mostaza** Senf
chile (m) Peperoni, Chilischoten	**pimienta** Pfeffer
cilantro Koriander	**sal** (w) Salz
	vinagre (m) Essig

Snacks & Imbisse

Ausgezeichnete und billige Imbisse bieten die fondas an, kleine Küchen mit gekachelten Tresen, die sich in oder bei den großen Gemüsemärkten befinden.

cacahuates (m Mz)	Erdnüsse
cemita	belegtes Sesambrötchen
chicle (m)	Kaugummi
elote (m)	gekochter Maiskolben
hamburguesa	Hamburger
lonchería	Snackbar
nachos (Mz)	Maischips
nieve (w)	Wassereis
paleta	Eis am Stiel
raspados	zerstoßenes Eis mit Fruchtsirup
torta	Sandwich

Es gibt unzählige Straßenstände; die hygienischen Verhältnisse dort sind allerdings nicht so einwandfrei wie auf den Märkten.

Getränke

Die reichlich vorhandenen juguerías, aber auch viele Restaurants und Straßenstände, bieten frische Obst- und Gemüsesäfte an, extrem lecker! Aus der Saftpresse heißen sie jugos, aus dem Mixer licuados de agua (mit Wasser) oder licuados de leche (mit Milch). Die häufigsten Sorten: jugo de naranja (Orange), jugo de zanahoria (Karotte), licuado de papaya (Papaya), licuado de piña (Ananas), licuado de sandía (Wassermelone).

Leitungswasser sollte man nicht trinken, stattdessen lieber agua purificada *(gefiltert) oder gleich Mineralwasser.*

¡Una botella de agua mineral, por favor!
eine Flasche von Wasser mineralisch, bitte
Eine Flasche Mineralwassser, bitte!

¡Salud!
Gesundheit
Prost!

¿Por favor, tiene jugo de naranja?
bitte, (er-/sie-)besitzt Saft von Orange
Entschuldigung, haben Sie Orangensaft?

¡Otra cerveza!
ein-anderes Bier
Noch ein Bier!

nicht-alkoholische Getränke

bebida	Getränk
(el) agua mineral (w), **agua de Tehuacán**	Mineralwasser
... con gaz/sin gaz	mit/ohne Kohlensäure
horchata	Getränk aus Reisgrieß, Zucker und Wasser
atole (m)	Getränk aus Maismehl mit Wasser oder Milch
jugo de caña	Zuckerrohrsaft
tepache (m)	Getränk aus vergorenen Ananasschalen
refresco	Erfrischungsgetränk
coca-cola	Coca Cola
café solo/negro (m)	schwarzer Kaffee
café sin azucar	Kaffee ohne Zucker
café americano	Instantkaffee
café con leche	Milchkaffee
café de olla	mit Zimt und Zucker gekochter Kaffee
té (m)	Tee, in Mexiko meist ...
té de manzanilla	Kamillentee
té negro	schwarzer Tee (wird seltener getrunken)

Achtung: Bestellen Sie nur coca-cola, cola *allein heißt „Schwanz"!*

aguardiente (m) *Wasser-brennend*	alle Arten von Schnaps
anís (m)	Anisschnaps
brandy (m)	Weinbrand
cerveza (clara/oscura)	(helles/dunkles) Bier
cóctel	Cocktail
ginebra	Gin
margarita	Tequila mit Limonensaft
mezcal	Agavenschnaps, ähnlich dem Tequila
pulque (m)	milchiger, vergorener Saft der Maguey-Agave
ron	Rum
submarino	Bier mit Tequila
tequila (m)	Die richtige Reihenfolge ist: Salz, Tequila, Limone!
vino (tinto/blanco)	(Rot-/Weiß-) Wein

alkoholische Getränke

In Mexiko gibt es zwei Sorten von Kneipen: die cantinas *mit oft recht derbem Umgangston und die teureren* bares, *die sich sehr am US-Bild orientieren. Zu den* cantinas *haben Frauen meist keinen Zutritt.*

chela	Bier
pisto, caña, alipús (m), **piquete** (m), **chínguere** (m)	Schnaps
pistear	saufen
empedarse	sich besaufen
pachanga	Fete, Besäufnis
cuete, pedo, gis, hasta las chanclas *(„bis zu den Latschen")* **hasta el copete** *(„bis zum Haarschopf")*	besoffen
estar crudo *(„roh sein")*	Kater haben
mota, grifa, yerba *(„Kraut")*	Marihuana, Gras
bacha *(„Kippe"),* **chubi** (m)	Joint
darse un toque *(„sich einen Schlag geben")*	kiffen
andar chido, estar grifo, estar hasta atrás	high sein

Hier eine Sammlung von typisch mexikanischem, umgangssprachlichen Vokabular zum Thema Alkohol und Drogen.

Mexiko & die USA

¡Pobre México, tan lejos de Dios y tan cerca de los Estados Unidos!
(Armes Mexiko, so weit von Gott und so nah bei den USA!)

... soll der mexikanische Diktator Porfirio Díaz vor rund hundert Jahren einmal gesagt haben. Das Verhältnis der Mexikaner zu den Vereinigten Staaten ist sehr ambivalent und schwankt zwischen Ablehnung und Bewunderung. Von Anfang dieses Jahrhunderts bis in die siebziger Jahre wurden jährlich Zehntausende Mexikaner von den US-Einwanderungsbehörden angeworben, um den Arbeitskräftebedarf der Agrarproduzenten zu befriedigen. Heute sind die etwa 13 Mio. chicanos (dazu kommen noch schätzungsweise 5 Mio. „Illegale") nach den Farbigen die zweitgrößte ethnische Minderheit in den USA und vor allem im Südwesten wird teilweise mehr Spanisch als Englisch gesprochen. Seit der „contract labour act" seitens der US-Regierung auf Druck der Gewerkschaften nicht mehr erneuert und den braceros (Gastarbeitern) die Einreise untersagt wurde, versuchen viele Mexikaner, illegal über die Grenze zu gelangen. In der Hoffnung, für einen für US-Verhältnisse lächerlichen Lohn auf einer Plantage oder Großfarm schwarzarbeiten zu können, durchwaten sie den Río Grande und versuchen, den Grenzzaun zu überqueren. Von den mit Hunden und Nachtsichtgeräten ausgerüsteten US-border-patrols werden sie „wetbacks" genannt, von den Mexikanern selbst mojados (was beides so viel wie „Nasse" bedeutet). Dann gibt es die Schlepper, polleros oder coyotes genannt, die für ein paar hundert Dollar versprechen, ihre pollos (Hühnchen) über die Grenze zu bringen. Allein in El Paso werden jeden Monat Tausende geschnappt und gleich wieder zurückgeschickt. Trotzdem gelingt es jährlich über einer Million Mexikanern, in den USA unterzutauchen.

Estados Unidos	USA (Abk. **E.U.** od. **EE.UU.**)
gringo, yanqui	Ami (verächtlich)
chicano, pocho	US-Amerikaner mexikanischer Abstammung
bracero	mexikanischer Gastarbeiter in den USA
pollo (Huhn)	Mexikaner, der illegal über die Grenze möchte

Einkaufen

Bei den allermeisten Geschäften in Mexiko gehört Handeln unbedingt dazu. Der Verkäufer wird den Preis von vornherein höher ansetzen (besonders bei Touristen). Damit dieses Spiel beiden Parteien Spaß macht, sind anstelle von Verbissenheit eher Humor und Gelassenheit angesagt. Andererseits sollte man aber auch den Wert einer Arbeit respektieren (v. a. bei Kunsthandwerk) und nicht die wirtschaftliche Notlage vieler Händler ausnutzen.

¿Dónde puedo comprar ...?
wo (ich-)kann kaufen ...
Wo bekomme ich ...?

No más estoy mirando, gracias.
nicht mehr (ich-)bin sehend, danke
Ich schaue mich nur etwas um, danke.

¿Cuánto cuesta esto? / ¿Cuánto vale esto?
wieviel (es-)kostet das / wieviel (es-)ist-wert das
Wie viel kostet das?

Es muy caro.
(es-)ist sehr teuer
Das ist zu teuer.

¿No tiene algo más barato?
nicht (er-/sie-)besitzt etwas mehr billig
Haben Sie nicht etwas Billigeres?

Le doy ... **¿Ya están maduras las piñas?**
Ihm/Ihr (ich-)gebe schon sind reif die Ananas
Ich gebe Ihnen ... Sind die Ananas schon reif?

¡Déme medio kilo de fresas, por favor!
(er-/sie-)gebe!-mir halb Kilo von Erdbeeren, bitte
Geben Sie mir ein Pfund Erdbeeren, bitte!

piña Ananas	**toronja** Grapefruit
manzana Apfel	**guayaba** Guave
chabacano Aprikose	**melón** Honigmelone
plátano, banana Banane	**calabaza** Kürbis
pera Birne	**tuna** *(Nopalkaktus)* Kaktusfeige
fresa Erdbeere	**pitahaya** Kaktusfrucht (etw. größer als **tuna**)
cacahuate (m) Erdnuss	**limón** Limone
higo Feige	

mango Mango	**ciruela** Pflaume
naranja Orange	**tamarindo** Tamarinde
papaya Papaya	**uvas** (Mz) Trauben
durazno Pfirsich	**sandía** Wassermelone

Für viele leckere Früchte, z. B. chirimoya, pitahaya, chicozapote *(m),* jícama, chayote *(m),* nanche *(m),* guanábana, guamúchil, arrayán, capulín, mamey *(m) existieren keine deutschen Wörter. – Einfach probieren!*

abarrotes (m Mz) Lebensmittel	**mantequilla** Butter
pan Brot	**leche** (w) Milch
bolillo Brötchen	**queso** Käse
panbazo, micha versch. Brötchenarten	**salchicha** Wurst
	harina Mehl

tienda	Geschäft
supermercado	Supermarkt
almacén	Kaufhaus
mercado	Markt(halle)
tianguis (m)	Straßenmarkt
centro comercial	Schoppingcenter
comprar – vender	kaufen – verkaufen
abierto – cerrado	offen – geschlossen
caro – barato	teuer – billig
necesitar	brauchen
precio	Preis
IVA (m)	Mehrwertsteuer (Abk. f. impuesto al valor agregado)
descuento, rebaja	Rabatt
hecho a mano *gemacht zu Hand*	handgearbeitet

carnicería	Metzgerei
ferretería	Eisenwarenhandlung
panadería	Bäckerei
papelería	Schreibwarenladen
zapatería	Schuhgeschäft

Die Bezeichnungen der Geschäfte setzen sich im Wesentlichen aus dem Wort für die jeweilige Ware und der Endung -ería *zusammen:* libro *(Buch),* librería *(Buchladen).*

Sonstiges

Übrigens: Die Jugendlichen, die im Supermarkt beim Einpacken helfen, werden cerillos *(Streichhölzer) genannt.*

pila, batería Batterie	**pegamento** Klebstoff
casete (m) Cassette	**sacacorchos** (m) Korkenzieher
compact (m) CD	**pabellón** Moskitonetz
abrelatas (m) Dosenöffner	**disco** Schallplatte
destapador Flaschenöffner	**cerillos** (Mz) Streichhölzer
hamaca Hängematte	**navaja** Taschenmesser
vela Kerze	**cigarillos** (Mz) Zigaretten (!)
tela adhesiva Klebeband	

Kleidung

sandalias (Mz) Badelatschen	**vestido** Kleid
brasier, portabusto BH	**ropa** Kleidung
blusa Bluse	**jorongo, poncho** Poncho
calzones (m Mz) Boxershorts	**suéter** Pullover
pantaleta Damenslip	**falda** Rock
camisa Hemd	**zapatos** (Mz) Schuhe
trusa Herrenslip	**calcetines** (m Mz) Socken
pantalón Hose	**pantimedias** (Mz) Strumpfhosen
sombrero Hut	**sudadera** Sweatshirt
chamarra Jacke	**playera** T-Shirt
chaqueta, saco Jackett	**huaraches** (m Mz) Sandalen

Kunsthandwerk

artesanía	Kunsthandwerk
huipil	knöchellanges Hemdkleid der indígenas
ayate (m)	wie huipil, nur etwas kürzer
rebozo	Tragetuch
sarape (m)	Umhang aus Wolle oder Baumwolle
cobija	sarape zum Schlafen
cerámica	Keramik (gesprochen: *„ßeramika“*!)

pedrería	Edel- und Halbedelsteine
cestería	Korbwaren
blusa bordada	bestickte Bluse
objetos de plata (Mz)	Silberwaren
objetos de cobre (Mz)	Kupferwaren
objetos de latón (Mz)	Messingwaren
objetos de cuero (Mz)	Lederwaren
filigrana de oro	Goldfiligranarbeiten
aretes (m Mz)	Ohrringe
amate (m)	buntes Bildchen, gemalt auf dem Papier, das aus dem Amate-Baum hergestellt wird
vidrio soplado	mundgeblasenes Glas
lacas (Mz)	Lackarbeiten
labrados de madera (Mz)	Holzschnitzarbeiten
algodón	Baumwolle
cuero, piel (w)	Leder
seda	Seide
henequén	Sisal
lana	Wolle

probar	anprobieren
tamaño	Größe
muy grande/chico	zu groß/klein
muy largo/corto	zu lang/kurz

Hygieneartikel

crema/loción	Creme/Lotion
venda	Binde, Verband
toalla sanitaria	Damenbinde
tampón	Tampon
desodorante (de bola) (m)	Deo(roller)
toalla	Handtuch
repelente (m)	Insektenschutzmittel

peine (m) **– cepillo**	Kamm – Bürste
condón, preservativo	Kondom
lima – tijera	Nagelfeile – Nagelschere
perfume (m)	Parfum
pinzas (Mz)	Pinzette
hoja de afeitar	Rasierklinge
espuma de afeitar	Rasierschaum
jabón de afeitar	Rasierseife
jabón – champú (m)	Seife – Shampoo
pañuelo	Taschentuch
papel higiénico	Toilettenpapier
detergente (m)	Waschpulver
algodón	Watte
pañal	Windel
cepillo de dientes	Zahnbürste
pasta de dientes	Zahnpasta

Ämter & Behörden

Für einen leider manchmal unvermeidlichen Behördengang muss man in Mexiko viel Zeit einkalkulieren. Höfliches, etwas förmliches Auftreten wird sehr geschätzt.

Die berühmte mordida (wörtl.: „kleiner Biss“) ist ein mehr oder weniger großer Geldbetrag, durch den die verschiedensten Vorgänge ermöglicht, verhindert, beschleunigt oder verlangsamt werden. Dies dient normalerweise beiden Seiten und hat in den Augen der Mexikaner nicht unbedingt etwas mit Bestechung zu tun.

aduana	Zoll(amt)
embajada	Botschaft (dipl.)
oficina	Büro
declaración	(Zoll-)Erklärung
pasaporte (m)	Reisepass
fecha de nacimiento	Geburtsdatum
nacionalidad	Staatsangehörigkeit
firmar	unterschreiben

Unter allen Umständen sollte man geduldig und gelassen bleiben, wenn man etwas erreichen möchte. Bieten Sie niemandem direkt eine mordida *an, sondern warten Sie besser ab, bis man Ihnen diese Möglichkeit signalisiert.*

Usted tiene que llenar este formulario.
Sie (er-/sie-)besitzt dass füllen dieses Formular
Sie müssen dieses Formular ausfüllen!

¡Firme aquí, por favor!
(er-/sie-)unterschreibe! hier, bitte
Unterschreiben Sie bitte hier!

bei der Polizei

policía	Polizei
delegación de policía	Polizeirevier
denuncia	Anzeige
seguro	Versicherung
ladrón	Dieb
asalto	Überfall

robo	Raub
arma	Waffe
pistola	Pistole
cuchillo	Messer
robar	rauben
amenazar	bedrohen

Por favor, quisiera hacer una denuncia.
bitte, (ich-)würde-wollen machen eine Anzeige
Ich möchte Anzeige erstatten.

Fui asaltado.
(ich-)war überfallen
Ich bin überfallen worden.

Me robaron la mochila.
mir (sie-)raubten der Rucksack
Man hat mir den Rucksack geraubt.

Hier einige umgangssprachliche Ausdrücke zum Thema Polizei und Kriminalität.

tira, cuicos *(Petzer),* **pitufos** *(Schlümpfe),* **tecolotes/tecos** (m Mz) *(Eulen),* **los azules** *(die Blauen)*	Polizei, „Bullen"
los judas	die Zivilpolizei (policía judicial)
julia	Gefangenentransporter der Polizei
apañar	verhaften
fayuca	Schmuggel(ware)
transa	schmutziges Geschäft (von transacción)
bote (m) *(Dose),* **tambo**	Gefängnis

Bank, Post, Telefon

Die Wechselstuben haben in der Regel länger geöffnet, und man steht nicht so lange Schlange wie in den Banken. Der Kursunterschied ist gering. Hotels bieten einen schlechten Wechselkurs.

Die mexikanische Landeswährung ist der Peso ($), er wird unterteilt in 100 Centavos. Um Verwechslungen mit dem Dollar zu vermeiden, wird manchmal noch das Kürzel MN (Moneda Nacional, Landeswährung) angefügt. Seit der Währungsreform am 1.1.93 ersetzt ein Nuevo Peso (Neuer Peso) tausend Alte Pesos. Geld wechseln bzw. Reiseschecks eintauschen kann man in Banken, Wechselstuben, großen Hotels und privat.

Bank

dinero	Geld
banco	Bank
casa de cambio	Wechselstube
caja	Kasse
ventanilla	Schalter
en efectivo	bar
cheque (m) **de viajero**	Reisescheck
tarjeta de crédito	Kreditkarte
billete (m)	Banknote
moneda	Münze

Währungen:
euro *(Euro),*
franco suizo *(Schweizer Franken),*
dólar *(US-Dollar)*

¿Cómo es el cambio, por favor?
wie (er-)ist der Wechsel, bitte
Wie ist der Kurs, bitte?

bruja	pleite, abgebrannt
popoff	neureich
lana *(Wolle),* **luz** *(Licht)*	Geld, Knete
feria, moralla	Kleingeld
un varo	ein Peso
chayote (m)	Bestechungsgeld

Hier einige umgangssprachliche Bezeichnungen zum Thema Geld.

Post

Postlagernde Sendungen gelangen zum Hauptpostamt und werden dort meist schon nach zehn Tagen zurückgeschickt. Sollen sie länger aufbewahrt werden, so muss die Sendung mit dem Vermerk ¡Favor de retener hasta llegada! (Bitte bis zur Ankunft aufbewahren!) versehen werden.

¿Cuánto cuesta esta carta para Austria?
wieviel (er-)kostet dieser Brief für Österreich
Wie viel kostet dieser Brief nach Österreich?

Déme diez timbres de mil pesos, por favor.
(er-/sie-)gebe!-mir zehn Briefmarken von tausend Pesos, bitte
Geben Sie mir bitte 10 Briefmarken zu 1000 Pesos.

remitente (m)	Absender
carta	Brief (!)
timbre (m), **estampilla**	Briefmarke
sobre (m)	Briefumschlag
carta exprés	Eilbrief
carta certificada	Telegramm
correo aéreo	Luftpost
paquete (m)	Paket
porte (m)	Porto
oficina de correos	Postamt
postal	Postkarte
lista de correos	postlagernd
mandar, enviar	(ab)schicken
telegrama (m)	Einschreibbrief

¿Hay correo para mí?
es-gibt Post für mich
Ist Post für mich da?

telefonieren

Mexikaner melden sich am Telefon meistens mit ¡Bueno! (gut!) oder ¡Diga! (sagen Sie!).

teléfono	Telefon
caseta telefónica	Telefonbüro
teléfono público	Telefonzelle
operadora	Telefonistin
directorio telefónico	Telefonbuch
sección amarilla	„Gelbe Seiten“
llamar/hablar por teléfono	telefonieren, anrufen
marcar	wählen
llamada	Anruf
larga distancia	Ferngespräch
clave (lada) (w)	Stadtvorwahl
llamada por cobrar	R-Gespräch (nach Deutschland nicht möglich)
por telefonista	handvermittelt
ocupado	besetzt
equivocado *(geirrt)*	falsch verbunden

Wie in den meisten lateinamerikanischen Ländern wird das Telefonnetz in Mexiko von staatlichen Telefongesellschaften betrieben und hat nichts mit der Post zu tun. Auslandsgespräche sind extrem teuer.

¿Me permite hacer una llamada, por favor?
mir (er-/sie-)erlaubt machen ein Anruf, bitte
Dürfte ich bitte mal telefonieren?

¿Cuánto cuesta una llamada de tres minutos a Alemania?
wieviel (er-)kostet ein Anruf von drei Minuten zu Deutschland
Wie viel kostet ein dreiminütiger Anruf nach Deutschland?

¿De parte de quién? od.: **¿Con quién hablo?**
von Seite von wer / *mit wer (ich-)spreche*
Wer spricht da? / Mit wem spreche ich?

Aquí Maria.
hier Maria
Hier spricht Maria.

In den Internetcafés der größeren Städte kann man seine Emails abrufen und verschicken oder einfach nur surfen.

cabina de Internet
Internetkabine
correro electrónico
E-Mail
imprimir
(aus)drucken
llamar por internet
per Internet anrufen

Disculpe, ¿está Pedro?
(er-/sie)entschuldige!, (es-)ist Peter
Entschuldigung, ist Peter da?

Podría dejarle un recado, ¿por favor?
(er-/sie-)könnte lassen-ihm/ihr eine Nachricht, bitte
Würden Sie ihm/ihr bitte eine Nachricht hinterlassen?

Fotografieren

Das Fotografieren militärischer Objekte sowie in der Metro ist verboten. Auch in einigen Gebieten mit vorwiegend indigener Bevölkerung, vor allem im Staat Chiapas, ist Fotografieren nicht erlaubt. Filmmaterial kann man zwar auch in Mexiko erstehen, sollte aber besser „gut gekühlt" von zu Hause mitgebracht werden, da die Qualität der Filme durch die Lagerung in heißen Geschäften leiden kann.

Por favor, ¿me permite tomarle una foto?
bitte, mir (er-/sie-)erlaubt nehmen-ihm/-ihr ein Foto
Darf ich ein Foto von Ihnen machen?

Voy a mandarle una copia.
(ich-)gehe zu schicken-ihm/-ihr eine Kopie
Ich schicke Ihnen einen Abzug.

¿Podría sacarnos una foto, por favor?
(er-/sie-)könnte herausziehen-uns ein Foto, bitte
Könnten Sie bitte ein Foto von uns machen?

Tiene que apachurrar aquí.
(er-/sie-)besitzt dass pressen hier
Hier müssen sie draufdrücken.

Por favor, ¿pueden revelarme este rollo?
bitte, (sie-)können entwickeln-mir dieser Film
Könnten Sie mir diesen Film entwickeln?

¿Cuándo va a estar listo?
wann (er-)geht zu sein fertig
Wann wird er fertig sein?

De cada negativo una copia nueve por trece, por favor.
Von jedem Negativ einen Abzug neun mal dreizehn, bitte.

Dass man nicht hemmungslos Menschen fotografiert, ohne sich vorher ihrer Einwilligung vergewissert zu haben, sollte eigentlich selbstverständlich sein. Oft wird einem zu verstehen gegeben werden, dass das Foto eine Kleinigkeit kostet. Man kann dem Verewigten ja auch anbieten, ihm einen Abzug zu schicken.

cámara	Fotoapparat
cámara de video	Videokamera
objetivo	Objektiv
flash (m)	Blitz(licht)
tripié (m), **trípode** (m)	Stativ
película, rollo	Film
rollo para diapositivas	Diafilm
rollo blanco y negro	S/W-Film
rollo en color	Farbfilm
foto (w), **fotografía**	Foto
diapositiva	Dia
sacar .../tomar .../ hacer una foto	fotografieren
filmar	filmen
revelar	entwickeln
negativo	Negativ
copia	Abzug

Krank sein

Viele Krankheiten lassen sich vermeiden, indem man einige grundlegende Regeln befolgt: Vor allem sollte man kein Leitungswasser trinken, das nicht vorher abgekocht oder sonstwie entkeimt wurde (auch nicht in Form von Eiswürfeln). Obst sollte nur geschält und Fleisch gut durchgebraten verzehrt werden. Speiseeis ist ebenfalls ein idealer Nährboden für Keime.

Vor der Reise sollte man sich rechtzeitig nach möglicherweise notwendigen oder ratsamen Impfungen erkundigen.

médico, doctor	Arzt
tratamiento	Behandlung
primer auxilio	Erste Hilfe
vacunación	Impfung
hospital, clínica	Krankenhaus
centro de salud	Krankenstation
ambulancia	Krankenwagen
radiografía	Röntgenaufnahme
cruz roja	Rotes Kreuz
inyección	Spritze
consulta	Untersuchung
venda, vendaje (m)	Verband
dentista (m+w)	Zahnarzt/-ärztin

¡Por favor, llame a un médico, rápido!
bitte, (er-/sie-)rufe! zu ein Arzt, schnell
Bitte rufen Sie schnell einen Arzt!

beim Arzt

Me siento muy mal.
mich (ich-)fühle sehr schlecht
Ich fühle mich sehr schlecht.

Tuve un accidente.
(ich-)hatte ein Unfall
Ich hatte einen Unfall.

¿Dónde le duele?
wo ihm/ihr (es-)schmerzt
Wo haben Sie Schmerzen?

Me duele el estómago.
mir (es-)schmerzt der Magen
Ich habe Magenschmerzen.

Arzt- und Krankenhausrechnungen müssen in Mexiko sofort bezahlt werden. Die Ärztin wird mit doctora, *der Arzt mit* doctor *angeredet (also nicht etwa* „señor doctor“*).*

Körperteile

brazo	Arm
ojo	Auge
barriga, panza	Bauch
pierna	Bein
apéndice (m)	Blinddarm
sangre (w)	Blut
pecho	Brust
intestinos (Mz)	Darm
dedo	Finger
pie (m)	Fuß
cara	Gesicht
cuello	Hals
mano (w)	Hand
vejiga	Harnblase
piel (w)	Haut
corazón	Herz
rodilla	Knie
rótula	Kniescheibe

hueso	Knochen
cabeza	Kopf
hígado	Leber
labio	Lippe
pulmón	Lunge
estómago	Magen
boca	Mund
músculo	Muskel
nariz	Nase
nervio	Nerv
riñón	Niere
oreja	Ohr
garganta	Rachen
costilla	Rippe
frente (w)	Stirn
columna (vertebral)	Wirbelsäule
diente (m)	Zahn
lengua	Zunge

Me mordió una víbora.
mich (sie-)biss eine Schlange
Mich hat eine Schlange gebissen.

Me torcí el pie.
mir (ich-)drehte der Fuß
Ich bin mit dem Fuß umgeknickt.

Fui picado/picada.
(ich-)war gestochen(m/w)
Ich bin gestochen worden.

Tengo la tensión alta/baja.
(ich-)besitze die Druck hoch/niedrig
Ich habe hohen/niedrigen Blutdruck.

Estoy embarazada.
Ich bin schwanger.

Tengo una alergia contra ...
Ich habe eine Allergie gegen ...

¿Ha sido Usted vacunado/vacunada contra el tétano?
(er-/sie-)hat gewesen Sie geimpft(m/w) gegen der Wundstarrkrampf
Sind Sie gegen Wundstarrkrampf geimpft?

Desde hace tres días tengo fiebre/diarrea.
seit (es-)macht drei Tage (ich-)besitze Fieber/Durchfall
Seit drei Tagen habe ich Fieber/Durchfall.

Krankheiten & Beschwerden

asma Asthma
dolor de ojo Augenschmerzen
erupción Ausschlag
dolor de barriga Bauchschmerzen
inconciente bewusstlos
cólera Cholera
diarrea Durchfall
inflamación Entzündung
vómitos (Mz) Erbrechen
resfriado Erkältung
frío Frösteln
fiebre amarilla Gelbfieber
úlcera Geschwür
hepatitis (w) Hepatitis
tos (w) Husten
con sangre mit Blut
infección Infektion
fractura Knochenbruch
dolor de cabeza Kopfschmerzen
enfermo krank
sano krank/gesund
enfermedad Krankheit
paludismo, malaria Malaria
dolor de oído Ohrenschmerzen
hongos (Mz) Pilze
dolor (m) Schmerz
dolor al orinar Schmerzen beim Wasserlassen
catarro Schnupfen
vértigo, mareo Schwindel
vomitar sich erbrechen
quemadura de sol Sonnenbrand
tétano Tetanus, Wundstarrkrampf
tifus (m) Typhus
náusea Übelkeit
quemadura Verbrennung
estreñimiento Verstopfung
herida Wunde
lombrices (w Mz) Würmer
dolor de muelas Zahnschmerzen
diabetes (m) Diabetes

Tome Usted diez gotas diárias/tres veces al día.
(er-)nehme! Sie 10 Tropfen täglich/3 Male zum Tag
Nehmen Sie täglich/3-mal täglich 10 Tropfen.

Usted tiene que tomar una pastilla cada cuatro horas.
Sie (er-/sie-)besitzt dass nehmen eine Tablette jede vier Stunden
Sie müssen alle vier Stunden eine Tablette nehmen.

Nececito un recibo con el diagnóstico detallado para mi seguro.
(ich-)brauche eine Quittung mit die Diagnose ausführlich für meine Versicherung
Ich brauche eine Quittung mit einer ausführlichen Diagnose für meine Krankenversicherung.

Apotheke

In mexikanischen Apotheken sind wesentlich mehr Medikamente rezeptfrei erhältlich als in Deutschland.

laxante (m) Abführmittel	**curita** Pflaster
antibiótico Antibiotikum	**receta** Rezept
farmacia Apotheke	**pomada** Salbe
aspirina Aspirin	**bronceador** Sonnencreme
tela adhesiva Heftpflaster	**comprimido, pastilla, tableta** Tablette
medicina, remedio Medikament	**termómetro** Thermometer
venda de gasa Mullbinde	**gota** Tropfen
	venda Verband
	supositorio Zäpfchen

Necesito algo contra la diarrea.
(ich-)benötige etwas gegen der Durchfall
Ich brauche etwas gegen Durchfall.

Toilette

Erwarten Sie nicht zu viel von mexikanischen Toiletten. Sicherheitshalber sollte Sie auch immer etwas Toilettenpapier dabeihaben.

baño, sanitario	Toilette
ocupado	besetzt
libre	frei
damas	Damen
caballeros	Herren
papel higiénico/sanitario	Klopapier

Tengo que ir al baño.
(ich-)besitze dass gehen zum Bad
Ich muss mal.

Falta el papel higiénico.
(es-)fehlt das Papier hygienisch
Das Toilettenpapier fehlt.

¿Dónde está el baño, por favor?
Wo ist die Toilette, bitte?

Achtung: clóset bedeutet „Wandschrank“ und hat nichts mit „Toilette“ zu tun!

Schimpfen & Fluchen

Mit diesem Kapitel soll niemandem das Fluchen beigebracht werden. Es kann aber sein, dass man den hier vorgestellten Ausdrücken begegnet, und dann sollte man sie verstehen.

Sehr typisch für Mexiko ist das Verb chingar, das ursprünglich so viel wie „schänden, vergewaltigen" bedeutet und jetzt auch im Sinne von „stören, nerven, bescheißen" gebraucht wird. La chingada ist demnach „die Geschändete" und ¡hijo de la chingada! („Sohn der Geschändeten") eine tödliche Beleidigung, ähnlich wie ¡hijo'e puta! („Hurensohn", auch in Spanien gebräuchlich).

Der mexikanische Autor Octavio Paz hat in seinem Buch „Das Labyrinth der Einsamkeit" den verschiedenen Bedeutungen dieses Wortes und dem Zusammenhang mit der mexikanischen Psyche mehrere sehr interessante Seiten gewidmet. Nebenstehend weitere von chingar *abgeleitete Ausdrücke (frei übersetzt).*

¡Vete a la chingada!	Fahr zur Hölle!
¡Chinga tu madre!	Fick dich ins Knie!
chingadera	Sauerei, Niederträchtigkeit
chingadazo	harter Schlag, „eine rein"
un chingo	eine Menge, viel
en chinga	schnell, auf der Stelle
chínguere	Schnaps
chingón	toller Typ
¡Que chingón!	Toll! Super!
¡No chingues!	Mach mich nicht an! Nerv nicht rum!
¡Me importa una chingada!	Ist mir scheißegal!

Man kann sich wohl leicht vorstellen, wie schnell man mit dieser Vokabel sowohl vom

Sinn als auch von der Stilebene her völlig danebenliegen kann. Mit dem Wort madre (Mutter) muss man ebenfalls sehr aufpassen, wie die folgenden Beispiele zeigen (mamá ist viel gebräuchlicher für „Mutter"):

Auf keinen Fall sollte man einem Mexikaner gegenüber Beleidigungen aussprechen! Man könnte sich sonst ernsthaften Ärger einhandeln, auch wenn die Mexikaner Schimpfwörter oft sogar freundschaftlich benutzen. – Man stelle sich einen Ausländer vor, der „Na, du Arsch" sagt!)

desmadrar	kaputtmachen
desmadre (m)	Chaos, Saustall
a toda madre	super, spitzenmäßig
me vale madre	Ist mir scheißegal
madrazo	harter Schlag, „eine rein"
ni a madrazos	ums Verrecken nicht
ni madre	keine Spur, auf keinen Fall
estar hasta la madre	die Nase voll haben
dar en la madre	voll eine reinhauen
¡En la madre!	Auch das noch!
partirle la madre a alguién	jemandem die Fresse polieren

Weitere Schimpfwörter sind z. B.:

¡Mierda!	Scheiße!
¡Carajo!	Verdammte Scheiße!
¡Váyase al carajo!	Zum Teufel mit Ihnen!
culero	beschissen
jodido *(gefickt)*	mies, schlecht
estar jodido *(gefickt sein)*	am Arsch sein
gacho *(schlapp)*	hässlich, mies
lépero	ordinär, prollig
güevón, huevón *(dickes Ei)*	Nichtsnutz, fauler Sack
huevonear	faulenzen
buey, güey *(Ochse)*	Weichling, Waschlappen
lambiscón (m)	Arschkriecher

mamón *(Säugling)*	dummdreister Typ
escuincle (m)	Kind (verächtlich)
gata *(Katze)*	Dienstmädchen (sehr verächtlich)
gallego *(Galizier)*	verächtlicher Ausdruck für Spanier
fodonga	Schlampe
pendejo *(Schamhaar)*, **pendejete, tarado, imbécil** *(Schwachsinniger)*	Dummkopf, Idiot
cabrón *(Gehörnter)*	Scheißkerl
culero, ojete	Arschloch
¡No mames! *(Saug nicht!)*, **¡No jodas!** *(Fick nicht!)*	Nerv mich nicht!
dar en la torre/chapa	voll eine reinhauen
partir el hocico/la jeta *(die Schnauze spalten)*	jem. die Fresse polieren

Ein sehr gern gebrauchtes Wort ist pinche (ursprünglich „Küchenjunge"), das ähnlich wie im Deutschen „blöd", „verdammt", „Mist-" vor Hauptwörter gestellt wird und nicht mehr sonderlich vulgär klingt. Pinchurriente ist die Steigerung von pinche. Zum Beispiel: ¿Cuándo va a venir este pinche camión? (Wann kommt dieser verdammte Bus endlich?).

Literaturhinweise

Für diejenigen, die noch mehr wissen möchten, empfehle ich folgende Bücher.

Sprachlehrbücher

- **¡Eso Es! Spanisch für Anfänger,** Klett Verlag, Stuttgart *(Lehr- und Arbeitsbuch mit Lösungen)*
- **Spanisch ohne Mühe heute**
Grundkurs für Anfänger + Wiedereinsteiger
Auch als Multimedia-Kombination mit Tonaufnahmen (Kassetten oder Audio-CDs) und / oder CD-ROM erhältlich.
ISBN: 2-7005-0107-1
Assimil GmbH, Hinter dem Hagen 1,
D-52388 Nörvenich

Die hier aufgeführten Bücher sind nicht über den Reise Know-How Verlag erhältlich.

Wörterbücher

- **Slaby, Grossmann, Illig: Wörterbuch der spanischen Sprache in zwei Bänden,** Brandstetter Verlag, Wiesbaden. *(Das beste – und teuerste – Wörterbuch für das Spanische.)*
- Wer nicht ganz soviel investieren möchte, ist mit dem **PONS Globalwörterbuch**, Klett Verlag, Stuttgart, gut beraten.

Mexikanisches Spanisch

- **Hugo Kubarth: Das lateinamerikanische Spanisch.** Ein Panorama. München 1987. *(Widmet dem mexikanischen Spanisch ein Kapitel.)*

Wörterliste Deutsch – Spanisch

Die Wörterlisten enthalten einen Grundwortschatz von ca. 1000 Wörtern. Vokabular, das man in den einzelnen Kapiteln nachschlagen kann, ist nicht immer aufgeführt. Männliche **Hauptwörter,** *die nicht eine der typisch männlichen Endungen* **(-o, -r, -n** *oder* **-l)** *haben, sind mit „(m)" gekennzeichnet. Weibliche Hauptwörter, die auf* **-a, -d, -z** *oder* **-ción)** *enden, mit „(w)" gekennzeichnet. Unregelmäßige* **Verben** *sind mit einem * gekennzeichnet.*

A

Abend tarde (w)
Abendessen cena
aber pero
abfahren (von) salir*, irse* (de)
abfliegen (von) salir* en avión (de)
abgeben depositar, entregar
abreisen salir* de viaje
Abteil (Zug) sección
Adresse dirección
Alkohol alcohol
allein solo
alles todo
als (zeitl.) cuando
alt viejo
Alter (Lebens-) edad
Ampel semáforo
anbieten ofrecer*
Andenken conmemoración
anfangen comenzar*, empezar*
Angestellte empleada
Angestellter empleado
Angst miedo
Angst haben tener* miedo
anhalten parar
ankommen (in) llegar (en)
Ankunft llegada
anmelden anunciar, avisar
Antwort respuesta
antworten contestar
Apotheke farmacia
Arbeit trabajo
arbeiten trabajar
Arbeiter trabajador
arm pobre
Arzt médico, doctor
auch también
auf sobre (örtl.)
Aufenthalt demora, estancia
aufhören terminar, parar
aufstehen levantarse
aufwachen despertarse
aus de
ausdrücken, sich expresarse
Ausfuhr exportación
Ausgang salida
ausgezeichnet excelente
Auskunft información, aviso
Ausland exterior
Ausländer extranjero
ausländisch extranjero
Ausreise salida
Aussprache pronunciación
Ausstellung exposición
Ausweis pasaporte (m)
ausziehen quitarse la ropa

Auto coche, carro
Autowerkstatt taller

B

Badeanzug/-hose traje de baño (m)
baden bañarse
Badezimmer baño
Bahnhof estación del ferrocarril
Bahnsteig andén
bald pronto
Bank (Geld) banco
Bank (Sitz-) banca
Bargeld efectivo
Batterie batería
bauen construir
Bauer agricultor, campesino
Baum árbol
Baumwolle algodón
bedauern (Leid tun) lamentar
beeilen, sich apurarse
beenden terminar, cortar
begegnen (treffen) encontrar*
begegnen, sich encontrarse*
beginnen comenzar*, empezar*
begleiten acompañar
begrüßen saludar
behandeln tratar
Behörde administración
bei con
Beispiel ejemplo
bekannt machen, sich conocerse*
beleidigen ofender, insultar
Belgien Bélgica
Belgier(in) belga (m+w)
belgisch belga
benachrichtigen informar, avisar
Benzin gasolina
Berg cerro, monte
Beruf profesión (w)
berühmt famoso
berühren tocar
beschäftigt ocupado
beschweren, sich quejarse
besetzt (Telefon) ocupado
besichtigen visitar
besiegen vencer*
Besitzer dueño
besser mejor
bestellen pedir*
Bestellung pedido
bestrafen castigar
Besuch visita
besuchen visitar
betrügen engañar
betrunken borracho, cuete
Bett cama
Bettzeug cubrecama
bevor antes
bewegen mover*
Beweis prueba
bezahlen pagar, cancelar
Bier cerveza
Bild cuadra, pintura
billig barato
Binde (med.) venda
bis (zeitl.) hasta
bisschen un poquito
Bitte ruego
bitten preguntar por, rogar*, pedir*
Blatt (bot.) hoja
bleiben quedarse
Bleistift lápiz (m)
Block (Gebäude-) cuadra
Blume flor (w)
Bluse (Indígena-) huipíl
Bohne (schwarze) frijol
Boot lancha
Botschaft (dipl.) embajada
Brand incendio
Brauch costumbre (w)
brauchen necesitar
breit ancho
brennen quemar
Brief carta
Briefmarke timbre (w), estampilla
Briefumschlag sobre (m)
Brille lentes (m,Mz), anteojos (m,Mz)
bringen (her) traer*
bringen (hin) llevar
Brot pan
Brücke puente (m)
Bruder hermano

Brust pecho
Buch libro
buchen reservar
Buchstabe letra
bunt de colores
Burg castillo
Bürger (Staats-) ciudadano
Büro oficina
Bus camión
Busbahnhof central camionera
Butter mantequilla

C

Chauffeur chófer
Chef jefe (m)
Creme crema, loción

D

da allí, allá
Dach techo
dafür por eso
dahinter atrás
Damenbinde toalla sanitaria
damit (um zu) por
danach después
danke gracias
danken agradecer*
dann entonces
darum por eso
dass que
Datum fecha
dauern tardar
Decke (Bett-) manta, cubrecama
denken pensar*
Denkmal monumento
deshalb por eso, por lo tanto
deutsch alemán
Deutsche alemana
Deutscher alemán
Deutschland Alemania
Dialekt dialecto
dick gordo
Dieb ladrón
Diebstahl robo
dies (unpers.) esto
diese(r, -s) este (m) / esta (w)
Ding cosa
Diskothek discoteca
Dokument documento
Dolmetscher traductor
Dorf pueblo, aldea
dort allí, allá
dorthin por allá
dringend urgente
Dschungel selva
dumm tonto
dunkel oscuro
dünn delgado, flaco
durch (quer) en medio de
Durchfall diarrea
dürfen deber
Durst haben tener* sed

E

echt puro
Ehefrau esposa
Ehemann marido
Ehepaar pareja
Ei huevo
Eigentum propiedad
Eimer cubo
einander uno al otro
Einbruch robo
einfach simple
Einfuhr importación
Eingang entrada
einige algunos (m,Mz) / algunas (w,Mz)
einladen invitar
Einladung invitación
einmal una vez
einsteigen entrar
eintreten entrar
einverstanden! ¡de acuerdo!
Einwohner inhabitante (m)
Eis (gefror. Wasser) hielo
Eis (Speise-) helado
Eisenbahn ferrocarril
Eiter pus (m)
Eltern padres (m,Mz)
empfangen recibir
empfehlen recomendar*
Ende fin
eng angosto
England Inglaterra
Engländer inglés

Engländerin inglesa
englisch inglés
Enkel nieto
Enkelin nieta
Entfernung distancia
entscheiden decidir
entschuldigen, sich disculparse
Entschuldigung! ¡Disculpe!, ¡Perdón!
erbrechen, sich vomitar
Erde tierra
Ereignis evento
Erfolg éxito
erhalten recibir
erholen, sich descansar
erinnern, sich acordarse
erkältet sein tener* la gripe
erklären explicar
erkundigen, sich informarse
erlauben permitir
Erlaubnis permiso
Ermäßigung descuento, rebajo
Ersatzteil (pieza de) repuesto
erster primero
erzählen contar*
essen comer
essen (zu Abend) cenar
essen (zu Mittag) almorzar
Essen (Mahlzeit) comida
Essig vinagre (m)
Etage piso, nivel
etwa más o menos, aproximadamente
etwas algo

F

Fabrik fábrica
Faden hilo
fahren (Auto) manejar, conducir
Fahrkarte boleto
Fahrplan horario
Fahrrad bicicleta
falsch falso
Familie familia
Familienname apellido
Farbe color
Farbfilm rollo en color
Farm hacienda
faul (Obst) descompuesto
faul (träge) flojo
Fehler error
Feier fiesta
feiern celebrar
feilschen negociar
Feld terreno
Fenster ventana
Ferien vacaciones (w,Mz)
fern lejos
Fernsehgerät televisor
fertig listo
fest firme
Fest fiesta
feucht mojado
Feuer incendio
Fieber fiebre (w)
Film (Kino) película
finden encontrar*
Finger dedo
Fisch pez (m)
Fisch (zum Essen) pescado
Flasche botella
Fleisch carne (w)
fleißig trabajador
fliegen volar
Flughafen aeropuerto
Flugticket boleto
Flugzeug avión
Fluss río
Formular formulario
Fotoapparat cámara
Fotografie foto (w)
fotografieren tomar una foto
Frage pregunta
fragen preguntar
Frankreich Francia
Franzose francés
Französin francesa
französisch francés
Frau mujer (w)
Fräulein señorita
frei libre
fremd extranjero
freuen, sich alegrarse, encantarse
Freund amigo
Freundin amiga
freundlich amable
Freundschaft amistad
Frieden paz

frieren tener* frio
frisch (Obst) fresco
fröhlich alegre
Frucht fruta
früh temprano
Frühling primavera
frühstücken desayunar
fühlen sentir*
fühlen, sich sentirse*
für para
fürchten, sich temer
Fuß pie (m)

G

Gabel tenedor
ganz todo
gar nicht por nada
Garten jardín
Gasse callejón
Gast huésped (m+w)
Gastfreundschaft hospitalidad
Gebäck pasteles (m,Mz)
Gebäude edificio
geben dar*, entregar
Gebirge montaña
Gebühr contribución
Geburtstag cumpleaños (m)
gefährlich peligroso
gefallen gustar
Gefühl sentimiento
gegen contra
Gegend región (w)
gegenüber enfrente
gehen ir*, andar*, caminar
Geld dinero
Gemüse verdura
gemütlich cómodo
genau exacto
genug bastante, suficiente
Gepäck equipaje (m)
geradeaus recto
gern con mucho gusto
Geschäft (Laden) negocio
Geschäft (Tätigk.) trabajo
Geschenk regalo
Geschichte (Erz.) narración
Geschichte (Hist.) historia
geschlossen cerrado
Geschwister hermanos (m,Mz)
Gesellschaft sociedad
Gesetz ley (w)
Gespräch conversación
gestern ayer
gesund sano
Gesundheit salud
Getränk bebida
Gewicht peso
Gewitter tormenta
gewöhnen acostumbrarse
Gewürz condimento
gibt: es gibt hay
Gift veneno
Glas (Material) vidrio
Glas (Trink-) vaso
glauben creer*
gleich (egal) igual
gleich (sofort) inmediatamente
Glück suerte (w)
glücklich sein estar* feliz
Glühbirne bombilla
Gold oro
Gott diós (m)
Gramm gramo
Grammatik gramática
Gras pasto
gratulieren felicitar
Grenze frontera
Grippe gripe (w)
groß grande
Größe (Kleidung) tamaño
Großmutter abuela
Großvater abuelo
Gruppe grupo
grüßen saludar
grüßen (sich) saludarse
gültig válido
gut bueno

H

haben (besitzen) tener*
haben (Hilfsverb) haber*
Hafen puerto
Hälfte mitad
halten sostener*
Haltestelle parada
Handel comercio

handgemacht hecho a mano
hart duro
hässlich feo
Hauptplatz (i. d. Stadt) zócalo
Hauptstadt capital (w)
Haus casa
Hausfrau ama de casa
Hausherr patrón
heben levantar
heiraten casarse
heiß caliente
heißen llamarse
helfen ayudar
hell claro
Herbst otoño
Herr señor
herzlich cariñoso
heute hoy
hier aquí, acá
Hilfe ayuda
hinlegen, sich acostarse
hinter atrás
hoch alto
Hochzeit boda, casamiento
hoffen esperar
höflich cortés
Holz madera
hören oír*, escuchar
Hotel hotel, hospedaje (w)
hübsch bonito
Hund perro
hungrig sein tener* hambre
Hygiene higiene (w)

I

immer siempre
impfen vacunar
in (örtl.) en, dentro de
in Richtung auf hacia
Industrie industria
Innenhof patio
innerhalb (zeitl.) dentro de
Insekt insecto
Insel isla
interessant interesante
interessieren, sich für interesarse por
international internacional
irren, sich equivocar

J

ja sí, de acuerdo
jagen cazar
Jahr año
Jahreszeit estación
jährlich anual
jeder cada uno
jedesmal cada vez
jedoch sin embargo
jemand alguién
jene aquella (w)
jener aquel (m)
jetzt ahora
Journalist(in) periodista (m+w)
jung joven
Junge joven

K

Kaffee café (m)
kalt frío, helado
kaputt roto, descompuesto
Karte (Land-) mapa (m)
Käse queso
Kasse caja
Kassette casete (m)
kaufen comprar
keine ninguna
keiner ninguno
kennen conocer*
Kerze vela
Kind niño
Kino cine (m)
Kirche iglesia
Kleidung vestido
klein chico, pequeño
klug inteligente
Kneipe cantina
kochen cocinar
Koffer maleta
kommen llegar, venir*
kompliziert complicado
können poder*
Konsulat consulado
kontrollieren controlar
Konzert concierto
kosten (Preis) costar*, valer*
kosten (probieren) probar
kostenlos gratuito
krank enfermo

Krankenhaus clínica, hospital
Krankheit enfermedad
Kreuzung cruce (m), crucero
kühl fresco
Kühlschrank refri(gerador) (m)
Kunst arte (m)
Kunstgewerbe artesanía
kurz corto
küssen besar

L

lächeln sonreír
lachen über reirse de
Laden (Kauf-) tienda
Lage (geogr.) posición
Lager (Zelt-) campamiento
Laken sábana
Lampe lámpara
Land país (m)
Landkarte mapa (m)
Landschaft paisaje (m)
Landwirtschaft agricultura
lang largo
lang (hoch, groß) alto
langsam despacio, lento
langweilig aburrido
laufen, rennen correr
laut con voz alta
leben vivir
Leben vida
Lebensmittel alimentos (m,Mz)
ledig soltero
leer vacío
legen (stellen) poner*
lehren enseñar
Lehrer maestro
leicht (Gewicht) liviano
leicht (Problem) fácil
leihen, sich von prestar de
lernen aprender
lesen leer
Leute gente (w)
Licht luz
lieben, mögen querer*, amar
liebenswürdig amable
Lied canción
liegen estar* acostado
links a la izquierda
Löffel cuchara
Lohn (Gehalt) sueldo
lügen mentir
Lust haben tener* ganas
lustig alegre

M

machen hacer*
Mädchen chica
malen pintar
man se
Manager(in) gerente (m+w)
manchmal a veces, de vez en cuando
Mann hombre (m)
Markt mercado
Medikament medicina, remedio
Meer mar
mehr (Vergleich) más
Menge (Quantität) cantidad
Mensch hombre (m)
merken, sich comemorar
Messer cuchillo
mieten rentar
Milch leche (w)
Minute minuto
mit con
Mittag mediodía
Mittag essen almorzar
Mittagessen almuerzo
mitteilen comunicar
Mitternacht medianoche
Mode moda
möglich posible
Monat mes (m)
morgen mañana
Morgen mañana
Motor motor
Motorboot lancha, yate (m)
Motorrad moto (w)
müde cansado
Müll basura
Museum museo
Musik música
müssen tener* que, deber
Mutter madre, mamá

N

nach (Richtung) a
nach (zeitl.) después
Nachmittag tarde (w)
Nachname apellido
Nachricht noticia
nächstes Mal la próxima vez
Nacht noche (w)
nackt desnudo
Nadel aguja
nah cerca
Name (Vor-) nombre (m)
nass húmedo
Nationalität nacionalidad
Natur naturaleza
natürlich natural
neben al lado de
nehmen tomar
nein no
neu nuevo
neugierig curioso
nicht no
nichts nada
Niederlande Holanda
niederländisch holandés
Niederländer holandés (m)
Niederländerin holandesa
niedrig bajo
niemals nunca, jamás
niemand nadie
nirgends por ningún lado
noch todavía, aún
noch ein otro
noch einmal otra vez
Norden norte (m)
normal normal
notwendig necesario
Nummer número
nur solo
nutzen servir

O

ob si
oben arriba
Obst fruta
oder o
offen (geöffnet) abierto
öffnen abrir
oft muchas veces
ohne sin
Öl aceite (m)
Organ órgano
organisieren organizar
Ort lugar
Osten (Region) oriente (m)
Osten (Richtung) este (m)
Österreich Austria
Österreicher austríaco
Österreicherin austríaca
österreichisch austríaco

P

paar (einige) algunos (m,Mz)/algunas (w,Mz)
Päckchen paquete (m)
Palast palacio
Panne (Auto) descompostura
Papier papel
Park parque (m)
parken (Wagen) parquear, aparcar
Pass (Reise-) pasaporte (m)
passieren pasar
Patient(in) paciente (m+w)
Pause pausa
Person persona
Pflanze planta
Plan plan
Platz plaza
plötzlich de repente
Politik política
Polizei/Polizist policía (m)
Post correo
Postkarte postal
Preis precio
privat privado
Problem problema (m)
Programm programa (m)
pünktlich puntual

Q / R

Qualität calidad
Radiogerät radio (w)
Ratschlag consejo
rauchen fumar
Raum cuarto
rechnen calcular

Rechnung factura, cuenta
Recht derecho
rechts a la derecha
reden hablar
Regen lluvia
Regenschirm paraguas (m)
registrieren registrar
regnen llover*
reich rico
reif maduro
Reifen llanta, neumático
Reis arroz (m)
Reise viaje (m)
Reisebüro agencia de viaje
reisen viajar
reparieren arreglar
reservieren reservar
Restaurant restaurante (m)
Rettungswagen ambulancia
richtig correcto
Richtung dirección
roh (Speisen) crudo
Rückfahrt regreso
Rucksack mochila
rufen (schreien) gritar
Ruhe silencio
ruhen descansar

S

Sache (Ding) cosa
sagen decir*
Salat ensalada
Salbe pomada
Salz sal (w)
sammeln recoger
Sand arena
satt satisfecho
Satz (Grammatik) frase (w)
sauber limpio
säubern limpiar
sauer ácido
Schallplatte disco
scharf picante
Scheck cheque (m)
Schere tijera
schicken mandar, enviar
schießen tirar
Schiff barco
schlafen dormir*
Schlafzimmer recámara
schlagen pegar
schlecht mal
schlechter peor
schließen cerrar*
Schloss (Bau) castillo
Schlucht barranco
Schlüssel llave (w)
schmackhaft sabroso, rico
Schmerz dolor, pena
schmerzen doler*
Schmuck arete (m)
schmutzig sucio
Schnaps aguardiente
schnell rápido
schon ya
schön bonito, lindo
schrecklich horrible
schreiben escribir
schreiben, sich escribirse
schreien gritar
Schuh zapato
schuldig culpable
Schule escuela
Schüler alumno
Schülerin alumna
schwanger embarazada
Schweiz Suiza
Schweizer suizo
Schweizerin suiza
schweizerisch suizo
schwer pesado
Schwester hermana
schwierig difícil
schwimmen nadar
schwitzen sudar
See, der lago
See, die mar
sehen ver*, mirar
sehen, sich verse*
Sehenswürdigkeit lugar de interés
Seide seda
Seife jabón
Seil soga
sein (Verb) ser*, estar*
seit desde
Seite (Buch) página
Seite (Richtung) lado
Sekunde segundo
selbst mismo
selten raro
senden mandar, enviar

setzen, sich sentarse
sicher seguro
siegen vencer*
Silber plata
singen cantar
sitzen sentarse
so así
sofort inmediatamente
Sohn hijo
sollen deber
Sommer verano
sondern sino
Sonne sol
Sorgen machen, sich preocuparse
sparen ahorrar
spät tarde
spazieren gehen pasear
Speise alimento
Speisekarte carta
spielen jugar
Spielzeug juguete (m)
Sport deporte (m)
Sprache idioma (m)
sprechen hablar
spritzen (medizin.) inyectar
Staat estado
Staatsangehörigkeit nacionalidad
Stadt ciudad
stark fuerte
stehen pararse
Stein piedra
Stelle (Ort) lugar
stellen (legen) poner*
sterben morir*
Stil estilo
Stimme voz
Stoff tela
stören molestar
Strafe pena, castigo
Strand playa
Straße calle (w)
Streichhölzer fósforos (m,Mz)
streiten pelearse
Stück pieza
Student(in) estudiante (m+w)
studieren estudiar
Stunde hora
suchen buscar
Süden sur
Summe suma
Suppe sopa
süß dulce

T

Tabak tabaco
Tablette pastilla
Tag día (m)
täglich diario
Tal valle (m)
Tampon tampón
Tankstelle gasolinera
tanzen bailar
Tasche bolsa
Taxi taxi (m)
Tee té (m)
Telefon teléfono
telefonieren hablar / llamar por teléfono
Telegramm telegrama (m)
teuer caro
Theater teatro
tief profundo
Tier animal
Tisch mesa
Tochter hija
Tod muerte (w)
Toilette sanitario
Toilette (Bad) baño
Toilettenpapier papel higiénico
Tortillapfanne comal
tot muerto
töten matar
Tradition tradición
tragen llevar, cargar
traurig triste
treffen (begegnen) encontrar*
Treppe escalera
trinken tomar
Trinkgeld propina
trocken seco
Tuch tela
tun hacer*
Tür puerta
Turm torre (w)

U

üben practicar
über sobre
überall por todos lados
Überfall asalto
übersetzen (Sprache) traducir*

Übersetzer traductor
Übersetzerin traductora
Überweisung transferencia
übrig sobrante
Uhr reloj (m)
um zu por, para
Umgebung alrededores (m,Mz)
Umleitung desvío
Umweg desvío
Umwelt medio ambiente
unbekannt desconocido
und y
Unfall accidente (m)
unglaublich increible
Universität universidad
unschuldig inocente
unten abajo
unter debajo
unterhalten, sich platicar
Unterkunft refugio
unterrichten (lehren) enseñar
unterschreiben firmar
Unterschrift firma
Urlaub vacaciones (w,Mz)

V

Valuta (Devisen) divisas (w,Mz)
Vater padre (m), papá (m)
verabreden, sich hacer* una cita
Verabredung cita
verabschieden, sich despedirse*
verboten prohibido
Verbrechen crimen
verdienen (Gehalt) ganar
vergessen olvidarse de
vergnügen, sich divertirse*
Vergnügen gusto
verheiratet casado
verirren, sich perderse
verkaufen vender
verleihen an prestar a
verletzen herir
verletzt herido
Verletzung herido
verlieben, sich enamorarse
verlieren (Dinge) perder*
vermieten arrendar
Vermittlung operador
Versicherung seguro
verspäten, sich tardarse
verstehen comprender, entender*
versuchen tratar
verteidigen defender*
viel mucho
vielleicht talvez, quizás
Volk pueblo
voll lleno
von (Ort) de
vor (örtl.) delante
vor (zeitl.) hace
vorbereiten preparar
vorher antes
Vormittag mañana
vormittags en la mañana
Vorname nombre (m)
vorschlagen proponer*
vorstellen (etw.), sich imaginarse
vorstellen (jmd.) presentar a alguien
Vorwahlnummer clave (w) lada

W

Wagen coche (m), carro
wahr cierto
während durante
Wahrheit verdad
Wald bosque (m)
Wand pared
wandern caminar
Ware mercancía
warm caliente
warten esperar
waschen lavar
Wasser agua
Wasser (Mineral-) agua mineral
Watte algodón
wechseln cambiar
wecken despertar
Weg camino
wegen (durch) por
weggehen irse*
weiblich femenino
weil porque

Wein vino
weinen llorar
weit (Entfernung) lejos
welche(r, -s) que
welche(r, -s)? ¿cuál?
wenig poco
wenn (als) cuando
wenn (falls) si
Westen (Region) occidente (m)
Westen (Richtung) oeste (m)
Wetter tiempo
wichtig importante
wie como
wie? ¿cómo?
wieder de nuevo, otra vez
wiederholen repetir
Wind viento
Windel pañal
Winter invierno
wissen saber*
Woche semana
wofür? ¿para qué?
wohnen vivir
Wohnung habitación (w)
wollen querer*
Wort palabra
Wörterbuch diccionario
Wunde herida
wünschen desear

Z

zahlen pagar
zählen contar*
Zahnarzt dentista (m+w)
Zahnbürste cepillo de dientes
Zahnpasta pasta de dientes
zeigen mostrar
Zeit tiempo
Zeitung periódico
Zentrum centro
Zigarette cigarillo
Zigarre puro
Zimmer cuarto
zittern temblar*
Zoll aduana
zu (nach) a
zu Fuß a pie
zu viel demasiado
Zucker azúcar
zufrieden contento
Zug tren
zurück por atrás
zusammen junto
zwischen entre

Wörterliste Spanisch – Deutsch

A

a zu, nach (Richtung)
a la derecha rechts
a la izquierda links
a pie zu Fuß
a veces manchmal
abajo unten
abierto offen (geöffnet)
abrir öffnen
aburrido langweilig
acá hier
accidente (m) Unfall
aceite (m) Öl
ácido sauer
acompañar begleiten
acordarse sich erinnern
acostarse sich hinlegen
acostumbrarse gewöhnen
administración Behörde
aduana Zoll
¿adónde? wohin?
aeropuerto Flughafen
agencia de viaje Reisebüro
agradecer* danken
agricultor Bauer
agricultura Landwirtschaft
agua (mineral) (Mineral-)Wasser
aguardiente Schnaps
aguja Nadel
ahora jetzt
ahorrar sparen
al lado de neben
alcohol Alkohol
aldea Dorf
alegrarse sich freuen
alegre fröhlich, lustig
alemán Deutscher; deutsch
alemana Deutsche
Alemania Deutschland
algién jemand
algo etwas
algodón Baumwolle, Watte
algunos/-as paar (einige)
alimento Speise
alimentos (m,Mz) Lebensmittel
allá/allí dort, da
almorzar Mittag essen
almuerzo Mittagessen
alrededores (m,Mz) Umgebung
alto lang; hoch; groß
alumno/-a Schüler/-in
ama de casa Hausfrau
amable freundlich
amar lieben, mögen
ambulancia Rettungswagen
amigo/-a Freund/-in
amistad Freundschaft
ancho breit
andar* gehen
andén Bahnsteig
angosto eng
animal Tier
anteojos (m,Mz) Brille
antes bevor; vorher
anual jährlich
anunciar anmelden
año Jahr
aparcar parken (Wagen)
apellido Nachname
aprender lernen
aproximadamente etwa
apurarse sich beeilen
aquel/aquella jener/jene (Ez)
aquí hier
árbol Baum
arena Sand
arete (m) Schmuck
arreglar reparieren
arrendar vermieten
arriba oben
arroz (m) Reis
arte (m) Kunst
artesanía Kunstgewerbe
asalto Überfall
así so
atrás (da)hinter
aún noch
Austria Österreich
austríaca Österreicherin
austríaco Österreicher; österreichisch
avión Flugzeug
avisar anmelden, benachrichtigen

aviso Auskunft
ayer gestern
ayuda Hilfe
ayudar helfen
azúcar Zucker

B

bailar tanzen
bajo niedrig
banca (Sitz-)Bank
banco Bank (Geld)
bañarse baden
baño Bad; Toilette
barato billig
barco Schiff
barranco Schlucht
bastante genug
basura Müll
batería Batterie
bebida Getränk
belga (m+w) Belgier(in); belgisch
Bélgica Belgien
besar küssen
bicicleta Fahrrad
boda Hochzeit
bolero Schuhputzer
boleto Fahrkarte
bolsa Tasche
bombilla Glühbirne
bonito hübsch
borracho betrunken
bosque (m) Wald
botella Flasche
bueno gut
buscar suchen

C

cada uno jeder
cada vez jedesmal
café (m) Kaffee
caja Kasse
calcular rechnen
calidad Qualität
caliente heiß, warm
calle (w) Straße
callejón Gasse
cama Bett
cámara Fotoapparat
cambiar wechseln
caminar gehen; wandern
camino Weg
camión Bus
campamiento Zeltlager
campesino Bauer
cancelar (be)zahlen
canción Lied
cansado müde
cantar singen
cantidad Menge (Quantität)
cantina Kneipe
capital (w) Hauptstadt
cargar tragen
cariñoso herzlich
carne (w) Fleisch
caro teuer
carro Auto, Wagen
carta Brief; Karte
casa Haus
casado verheiratet
casamiento Hochzeit
casarse heiraten
casete (m) Kassette
castigar bestrafen
castigo Strafe
castillo Schloss (Bau)
cazar jagen
celebrar feiern
cena Abendessen
cenar essen (zu Abend)
central camionera Busbahnhof
centro Zentrum
cepillo de dientes Zahnbürste
cerca nah
cerrado geschlossen
cerrar* schließen
cerro Berg
cerveza Bier
chabacano Aprikose
cheque (m) Scheck
chica Mädchen
chico klein
chofer Chauffeur
cierto wahr
cigarillo Zigarette
cine (m) Kino
cita Verabredung
ciudad Stadt
ciudadano Staatsbürger
claro hell
clave (w) lada Vorwahlnummer
clínica Krankenhaus
coche (m) Auto, Wagen
cocinar kochen
color Farbe
comal Tortillapfanne

comemoración Andenken
comemorar sich merken
comenzar* anfangen, beginnen
comer essen
comercio Handel
comida Essen (Mahlzeit)
como wie
cómodo gemütlich
complicado kompliziert
comprar kaufen
comprender verstehen
comunicar mitteilen
con bei; mit
con mucho gusto gern
con voz alta laut
concierto Konzert
condimento Gewürz
conducir fahren (Auto)
conocer* kennen
conocerse* sich bekannt machen
consejo Ratschlag
construir bauen
consulado Konsulat
contar* zählen; erzählen
contento zufrieden
contestar antworten
contra gegen
contribución Gebühr
controlar kontrollieren
conversación Gespräch
correcto richtig
correo Post
correr laufen, rennen
cortar beenden, aufhören
cortés höflich
corto kurz
cosa Sache, Ding
costar* kosten (Preis)
costumbre (w) Brauch
creer* glauben
crema Creme
crimen Verbrechen
cruce (m) Kreuzung
crucero Kreuzung
crudo roh (Speisen)
cuadra Gebäudeblock; Bild
¿cuál? welche(r, -s)?
cuando wenn, als (zeitl.)
¿cuándo? wann?
¿cuánto? wie viel?
¿cuánto tiempo? wie lange?
cuarto Raum, Zimmer
cubo Eimer
cubrecama Bettzeug
cuchara Löffel
cuchillo Messer
cuenta Rechnung
cuete betrunken
culpable schuldig
cumpleaños (m) Geburtstag
curioso neugierig

D

dar* geben
de aus, von (Ort)
de acuerdo ja; einverstanden
de colores bunt
¿de dónde? woher?
de nuevo wieder
¿de quién? wessen?
de repente plötzlich
de vez en cuando manchmal
debajo unter
deber dürfen; sollen; müssen
decidir entscheiden
decir* sagen
dedo Finger
defender* verteidigen
delante vor (örtl.)
delgado dünn
demasiado zu viel
demora Aufenthalt
dentista (m+w) Zahnarzt
dentro de innerhalb; in
deporte (m) Sport
depositar abgeben
derecho Recht
desayunar frühstücken
descansar sich erholen, ruhen
descompostura Panne (Auto)
descompuesto faul (Obst); kaputt
desconocido unbekannt
descuento Ermäßigung
desde seit
desear wünschen
desnudo nackt
despacio langsam

despedirse* sich verabschieden
despertar wecken
despertarse aufwachen
después danach, nach (zeitl.)
desvío Umleitung, Umweg
día (m) Tag
dialecto Dialekt
diario täglich
diarrea Durchfall
diccionario Wörterbuch
dificil schwierig
dinero Geld
diós (m) Gott
dirección Richtung; Adresse
disco Schallplatte
discoteca Diskothek
disculparse sich entschuldigen
distancia Entfernung
divertirse* sich vergnügen
divisas (w,Mz) Valuta (Devisen)
doctor Arzt
documento Dokument
doler* schmerzen
dolor Schmerz
¿dónde? wo?
dormir* schlafen
dueño Besitzer
dulce süß
durante während
duro hart

E

edad (Lebens-)Alter
edificio Gebäude
efectivo Bargeld
ejemplo Beispiel
embajada Botschaft (dipl.)
embarazada schwanger
empezar* anfangen, beginnen
empleado/-a Angestellte/-r
en in (örtl.)
en la mañana vormittags
en medio de durch (quer)
enamorarse sich verlieben
encantarse sich freuen
encontrar* finden; begegnen, treffen
encontrarse* sich begegnen
enfermedad Krankheit
enfermo krank
enfrente gegenüber
engañar betrügen
ensalada Salat
enseñar unterrichten, lehren
entender* verstehen
entonces dann
entrada Eingang
entrar eintreten, -steigen
entre zwischen
entregar geben, abgeben
enviar schicken, senden
equipaje (m) Gepäck
equivocar sich irren
error Fehler
escalera Treppe
escribir schreiben
escuchar hören
escuela Schule
esperar hoffen; warten
esposa Ehefrau
estación Jahreszeit
estación del ferrocarril Bahnhof
estado Staat
estampilla Briefmarke
estancia Aufenthalt
estar* sein (Verb)
estar* acostado liegen
estar* feliz glücklich sein
este (m) Osten (Richtung)
este (m)/esta (w) diese(r, -s)
estilo Stil
esto dies (unpers.)
estudiante (m+w) Student(in)
estudiar studieren
evento Ereignis
exacto genau
excelente ausgezeichnet
éxito Erfolg
explicar erklären
exportación Ausfuhr
exposición Ausstellung
expresarse sich ausdrücken
exterior Ausland

extranjero fremd, ausländisch; Ausländer

F

fábrica Fabrik
fácil leicht (Problem)
factura Rechnung
falso falsch
familia Familie
famoso berühmt
farmacia Apotheke
fecha Datum
felicitar gratulieren
feminino weiblich
feo hässlich
ferrocarril Eisenbahn
fiebre (w) Fieber
fiesta Fest, Feier
fin Ende
firma Unterschrift
firmar unterschreiben
firme fest
flaco dünn
flojo faul (träge)
flor (w) Blume
formulario Formular
fósforos (m,Mz) Streichhölzer
foto (w) Fotografie
francés Franzose; französisch
francesa Französin
Francia Frankreich
frase (w) Satz (Grammatik)
fresco kühl; frisch (Obst)
frijol Bohne (schwarze)
frío kalt
frontera Grenze
fruta Frucht, Obst
fuerte stark
fumar rauchen

G

ganar verdienen (Gehalt)
gasolina Benzin
gasolinera Tankstelle
gente (w) Leute
gerente (m+w) Manager(in)
gordo dick
gracias danke
gramática Grammatik
gramo Gramm
grande groß
gratuito kostenlos
gripe (w) Grippe
gritar rufen, schreien
grupo Gruppe
gustar gefallen
gusto Vergnügen

H

haber* haben (Hilfsverb)
habitación (w) Wohnung
hablar sprechen, reden
hablar por teléfono telefonieren
hace vor (zeitl.)
hacer* machen, tun
hacer* una cita sich verabreden
hacia in Richtung auf
hacienda Farm
hasta bis (zeitl.)
hay gibt: es gibt
hecho a mano handgemacht
helado Eis (Speise-); kalt
herida Wunde
herido Verletzung; verletzt
herir verletzen
hermano/hermana Bruder/Schwester
hermanos (m,Mz) Geschwister
hielo Eis (gefror. Wasser)
higiene (w) Hygiene
hijo/hija Sohn/Tochter
hilo Faden
historia Geschichte (Hist.)
hoja Blatt (bot.)
Holanda Niederlande
holandés (m) Niederländer; niederländisch
holandesa Niederländerin
hombre (m) Mensch; Mann
hora Stunde
horario Fahrplan
horrible schrecklich
hospedaje (w) Hotel
hospital Krankenhaus
hospitalidad Gastfreundschaft

hotel Hotel
hoy heute
huésped (m+w) Gast
huevo Ei
huipíl Bluse (Indígena-)
húmedo nass

I

idioma (m) Sprache
iglesia Kirche
igual gleich (egal)
imaginarse sich (etw.) vorstellen
importación Einfuhr
importante wichtig
incendio Brand, Feuer
increible unglaublich
industria Industrie
información Auskunft
informar benachrichtigen
informarse sich erkundigen
Inglaterra England
inglés Engländer; englisch
inglesa Engländerin
inhabitante (m) Einwohner
inmediatamente gleich, sofort
inocente unschuldig
insecto Insekt
insultar beleidigen
inteligente klug
interesante interessant
interesarse (por) sich interessieren (für)
internacional international
invierno Winter
invitación Einladung
invitar einladen
inyectar spritzen (mediz.)
ir* gehen
irse* weggehen
irse* (de) abfahren (von)
isla Insel

J

jabón Seife
jamás niemals
jefe (m) Chef
joven Junge; jung
jugar spielen
junto zusammen

L

lado Seite (Richtung)
ladrón Dieb
lago See, der
lamentar bedauern
lámpara Lampe
lancha Motorboot
lápiz (m) Bleistift
largo lang
lavar waschen
leche (w) Milch
leer lesen
lejos fern, weit
lentes (m,Mz) Brille
lento langsam
letra Buchstabe
levantar (auf)heben
levantarse aufstehen
ley (w) Gesetz
libre frei
libro Buch
limpiar säubern
limpio sauber
lindo schön
listo fertig
liviano leicht (Gewicht)
llamar rufen
llamarse heißen
llanta Reifen
llave (w) Schlüssel
llegada Ankunft
llegar kommen
lleno voll
llevar hinbringen, tragen
llorar weinen
llover* regnen
lluvia Regen
lugar Stelle, Ort
luz Licht

M

madera Holz
madre Mutter
maduro reif
maestro Lehrer
mal schlecht
maleta Koffer
mandar schicken, senden
manejar fahren (Auto)
mantequilla Butter
mañana Morgen; morgen
mapa (m) Landkarte

mar Meer
marido Ehemann
más mehr (Vergleich)
más o menos etwa
matar töten
medianoche Mitternacht
medicina Medikament
médico Arzt
medio ambiente Umwelt
mediodía Mittag
mejor besser
mentir lügen
mercado Markt
mes (m) Monat
mesa Tisch
miedo Angst
mirar sehen
mismo selbst
mitad Hälfte
mochila Rucksack
mojado feucht
molestar stören
montaña Gebirge
monte Berg
monumento Denkmal
morir* sterben
mostrar zeigen
moto (w) Motorrad
motor Motor
mover* bewegen
mucho viel
muerte (w) Tod
muerto tot
mujer (w) Frau
museo Museum
música Musik

N

nacionalidad Staatsangehörigkeit
nada nichts
nadar schwimmen
nadie niemand
narración Geschichte (Erz.)
natural natürlich
naturaleza Natur
necesario notwendig
necesitar brauchen
negocio Geschäft (Laden)
neumático Reifen
ninguno/ninguna keiner/keine
niño Kind
nivel Etage
no nein; nicht
noche (w) Nacht
nombre (m) Vorname
norte (m) Norden
nuevo neu
número Nummer
nunca niemals

O

o oder
occidente (m) Westen (Region)
ocupado beschäftigt; besetzt
oeste (m) Westen (Richtung)
ofender beleidigen
oficina Büro
ofrecer* anbieten
oír* hören
operador Vermittlung
organizar organisieren
oriente (m) Osten (Region)
oro Gold
oscuro dunkel
otoño Herbst
otra vez wieder, noch einmal
otro noch ein

P

padre (m) Vater
pagar (be)zahlen
pais(aje) (m) Land(schaft)
palabra Wort
palacio Palast
pan Brot
pañal Windel
papel (higiénico) (Toiletten-)Papier
paquete (m) Päckchen
para um zu; für
¿para qué? wofür?
parada Haltestelle
paraguas (m) Regenschirm
parar anhalten, beenden
pararse stehen
pareja Ehepaar
pasaporte (m) Ausweis, Pass

pasar passieren
pasear spazieren gehen
pasteles (m,Mz) Gebäck
pastilla Tablette
patio Innenhof
patrón Hausherr
paz Frieden
pecho Brust
pedido Bestellung
pedir* bestellen; bitten
pegar schlagen
película Film (Kino)
peligroso gefährlich
pena Schmerz; Strafe
pensar* denken
peor schlechter
pequeño klein
perder* verlieren (Dinge)
perderse sich verirren
periódico Zeitung
permiso Erlaubnis
pero aber
perro Hund
persona Person
pesado schwer
pescado Fisch (zum Essen)
peso Gewicht
pez (m) Fisch
picante scharf
piedra Stein
pieza Stück
pintura Bild
piso Etage
plan Plan
planta Pflanze
plata Silber
playa Strand
plaza Platz
pobre arm
poco wenig
poder* können
policía (m) Polizei; Polizist
política Politik
pomada Salbe
poner* legen, stellen
por damit, um zu; wegen, durch
por allá dorthin
por atrás zurück
por eso deshalb, dafür
por lo tanto deshalb
por nada gar nicht
por ningún lado nirgends
¿por qué? warum?
por todos lados überall
porque weil
posible möglich
postal Postkarte
practicar üben
precio Preis
preguntar fragen
preocuparse sich Sorgen machen
preparar vorbereiten
presentar a alguien vorstellen (jmd.)
prestar a verleihen an
prestar de sich leihen von
primavera Frühling
privado privat
probar kosten (probieren)
problema (m) Problem
profesión (w) Beruf
profundo tief
programa (m) Programm
prohibido verboten
pronto bald
propiedad Eigentum
propina Trinkgeld
proponer* vorschlagen
próxima vez nächstes Mal
prueba Beweis
pueblo Volk; Dorf
puente (m) Brücke
puerta Tür
puerto Hafen
puntual pünktlich
puro echt
puro Zigarre
pus (m) Eiter

Q

que dass; welche(r, -s)
¿qué? was?
quedarse bleiben
quemar brennen
querer* wollen; lieben
queso Käse
¿quién? wer?
quitarse la ropa ausziehen
quizás vielleicht

R

radio (w) Radiogerät
rápido schnell
raro selten
rebajo Ermäßigung
recámara Schlafzimmer
recibir erhalten
recomendar* empfehlen
recto geradeaus
refri(gerador) (m) Kühlschrank
refugio Unterkunft
regalo Geschenk
región (w) Gegend
regreso Rückfahrt
reloj (m) Uhr
remedio Medikament
rentar mieten
repetir wiederholen
repuesto Ersatzteil
respuesta Antwort
rico reich; lecker
río Fluss
robo Einbruch, Diebstahl
rogar* bitten
rollo en color Farbfilm
roto kaputt

S

sábana Laken
saber* wissen
sabroso schmackhaft
sal (w) Salz
salida Ausreise; Ausgang
salir* (de) abfahren (von)
salud Gesundheit
saludar(se) (be)grüßen
sanitario Toilette
sano gesund
satisfecho satt
se man
sección Abteil (Zug)
seco trocken
seda Seide
seguro sicher; Versicherung
semáforo Ampel
semana Woche
sentarse sitzen; sich setzen
sentimiento Gefühl
sentir(se)* (sich) fühlen
ser* sein (Verb)
servir nutzen
si ob; wenn, falls
sí ja
siempre immer
silencio Ruhe
simple einfach
sin ohne
sin embargo jedoch
sino sondern
sobrante übrig
sobre (m) Briefumschlag
sobre (örtl.) auf, über
sociedad Gesellschaft
soga Seil
sol Sonne
solo allein; nur
soltero ledig
sonreír lächeln
sostener* halten
sucio schmutzig
sudar schwitzen
sueldo Lohn (Gehalt)
suerte (w) Glück
suficiente genug
suiza Schweizerin
Suiza Schweiz
suizo Schweizer; schweizerisch
suma Summe
sur Süden

T

tabaco Tabak
taller Autowerkstatt
talvez vielleicht
tamaño Größe (Kleidung)
también auch
tardar dauern
tardarse sich verspäten
tarde spät
tarde (w) Abend, Nachmittag
té (m) Tee
techo Dach
tela Tuch, Stoff
teléfono Telefon
televisor Fernsehgerät
temblar* zittern
temer sich fürchten
temprano früh
tenedor Gabel
tener* haben (besitzen)
tener* frio frieren
tener* ganas Lust haben

tener* hambre Hunger haben
tener* miedo Angst haben
tener* que müssen
tener* sed Durst haben
terminar beenden
tiempo Zeit; Wetter
tienda (Kauf-)Laden
tierra Erde
timbre (w) Briefmarke
tirar schießen
tocar berühren
todavía noch
todo alles; ganz
tomar nehmen; trinken
tomar una foto fotografieren
tonto dumm
tormenta Gewitter
torre (w) Turm
trabajador Arbeiter; fleißig
trabajar arbeiten
trabajo Arbeit
traducir* übersetzen
traductor Dolmetscher
traer* bringen (her)
traje de baño (m) Badeanzug/-hose
transferencia Überweisung
tratar behandeln; versuchen
tren Zug
triste traurig

U

un poquito bisschen
una vez einmal
universidad Universität
urgente dringend

V

vacaciones (w,Mz) Ferien, Urlaub
vacío leer
vacunar impfen
valer* kosten (Preis)
válido gültig
valle (m) Tal
vaso (Trink-)Glas
vencer* (be)siegen
vender verkaufen
veneno Gift
venir* kommen
ver* sehen
verano Sommer
verdad Wahrheit
verdura Gemüse
vestido Kleidung
viajar reisen
viaje (m) Reise
vida Leben
vidrio Glas (Material)
viejo alt
viento Wind
vino Wein
visitar besichtigen
vivir leben; wohnen
volar fliegen
vomitar sich erbrechen
voz Stimme

Y

y und
ya schon

Z

zapato Schuh
zócalo Hauptplatz (i. d. Stadt)

Der Autor

Enno Witfeld, Jahrgang 1964, reist seit Jahren immer wieder in die verschiedensten Winkel Spaniens und Lateinamerikas. Seitdem er festgestellt hat, dass man mit den Sprachkenntnissen, die man an der Uni erwirbt, nicht alles versteht, interessiert er sich besonders für die spanische Umgangssprache mit ihren vielen länderspezifischen Besonderheiten.